30分で会議が終わる!職員室に変化を起こすブリーフミーティング

 編著 鹿嶋 真弓
石黒 康夫
吉本 恭子

ブリーフミーティング

解決志向の会議、ブリーフミーティング（BM）なら、たったの30分で次の一手が見つかり、終了時にはやる気が出てきます。また、

ブリーフミーティング

- **ルール（解決志向・守秘義務）**
- **終了時刻** 16時30分
- **事例報告**（5分）
  - ・A男（小4）ADHDの診断
  - ・コミュニケーションがとりづらい
  - ・クラス男子とトラブル多い
  - ・からかわれると激怒。かみつくことも
    ➡さらに周りがからかい、泣いて教室を飛び出す。➡先日はそのまま帰宅
  - ・勉強は苦手。字を書く×
  - ・挙手して発表できないとからかわれる
  - ・学級全体が落ち着きがない
    授業中ザワザワ
    開始時刻が守れない
    授業中の私語多い
    教員の指示が聞けない（無視）、離席
  - ・A男、教室にいることが苦痛。欠席増える
  - ・登校できた日も頭痛や腹痛を訴え保健室へ

質問・リソース探し（10分）
- ・性格は明るい。毎朝大きな声であいさつ
- ・得意な教科——社会（歴史）、理科、図工
- ・好きなこと——パソコンで絵を描く
  　　　　　　　　ガンダム、スターウォーズ
- ・保健室では絵の話。自分のキャラクターも作成
- ・自分に自信がない。将来に不安。➡勉強がわからない。友達とうまく接することができない
- ・両親と弟（小1）。父親がよき理解者
  登校できる——実技教科のある日
- ・ずっといられる——体育、音楽、理科実験
- ・学級全体で私語や席立ちがない
  　　　——エンカウンター、実技教科
- ・A男の面倒がみられる——10人ほど
- ・友達の発表はよく聞ける
- ・学級担任がお願いの形でいうと素直に聞く

今日のゴール
- ・「からかいや冷やかしのないクラス」
  　　　　↓　　ゴールメンテナンス
「クラスのみんなが、A男のいいところを一つは言える」

最初にルールと終了時刻を確認！
事例報告は困っていることを5分で話します。

ゴールが具体的で数値化されているので次の一手が明確に打てます。

なら変化を起こせる！

BMの参加者の思考にも変化が起きます。BMは参加者を成長させる会議方法なのです。

解決のための対応策
・好きなもの・得意なことの紹介
・いいところ探しチャンピオン選手権大会の
　開催
・今日のスター――班で順番に（帰りの会）
・「いいところ見つけ」
――「〇〇してくれてありがとう」と言う
　（帰りの会）
　ガンダムシールをあげる
・サイコロトーキング・すごろくトーキング
・アドジャン　・クラス会議
・係（一人一役）――自分で考えて決める
　朝の号令係、運動会の応援団
・共同絵画（A男は絵が得意）
・あなたの印象（A男自身が自分のいいところ
　に気がつく）

決　定
・帰りの会：「今日のスター」
・朝の号令係
・1学期の終わり：「あなたの印象」を実施
　したい

次回　7月9日（金）16:00〜

撮影

> 解決志向で話し合うので、
> アイデアがたくさん出てきます。

> デジカメで撮っ
> て終了！
> メモの必要があ
> りません。

ブリーフミーティング中に生徒が突然参入！〜「解決志向」の可能性〜

「授業中、騒がしくて困る」という学級の課題を取り上げてBMを行っていると、それを聞きつけた「騒がしい原因」となっている生徒たちが、「僕たちも参加したい」と突然BMに参入してきました。自分たちの学級はどうなっているといいのか、そのために何ができるのか……。彼らなりに課題と向き合い、意見を述べていました。BMに制限はありません。授業、学級活動、生徒会、部活動等でもぜひ、ご活用ください。

はじめに

　本書を手に取っていただき、ありがとうございます。本書は、『30分でスッキリ！ブリーフミーティング』（図書文化社）の改訂版ですが、前書ではお伝えしきれなかった理論や事例を付け加えています。

　さて、本タイトルを目にしたとき、あなたは、「本当に会議が30分で終わるの？」と思われたのではないでしょうか。

　この問いに対して、私たちは自信をもって「終わります！」と言うことができます。私たち TILA 教育研究所では、これまでに各地で数多くの「ブリーフミーティング」（以下、BM）の研修会を実施してきました。そこでは、研修に参加された先生に事例を提供していただいて、研修と実際の課題解決を兼ねて BM を行ってきました。また、TILA 教育研究所のメンバーが、スーパーバイザーとして学校に伺い、現場の先生と一緒に BM を実施し、問題解決にあたってきました。**これまでに行った数多くの BM のすべてが、30分で終わっています。そして、ただ終わっているだけでなく、提供された事例の解決に役立つ、「次なる一手」を生み出している**のです。

　現在、学校では、さまざまな課題が山積みになっています。いじめ、不登校や発達に課題のある児童生徒への支援、授業中の立ち歩き、暴力行為、学級崩壊……と、挙げればきりがありません。そして、それらの課題の多くが、膠着状態となり解決への道筋が見えなくなっているのではないでしょうか。

　このようなとき、解決策を求めて事例検討会を行うと、話が堂々巡りとなり、これといった解決策が出て来ずに、最後は「それでは、しばらく様子をみましょう。」などという結論になることがあります。あなたにはそんな経験がありませんか？　その課題に取り組んでいるあなたは、日々努力して必死に解決策を考えていることと思います。そんな中、あなたは、「なぜこうなってしまったのだろう」と、つい原因を考えようとしてはいませんか？

　詳しくは後述しますが、物事の原因は一つとは限りません。また、原因がわかったとして、それが解決につながるとも限らないのです。さらに、あなたは、そのことにどっぷりと浸かっています。外部から見ると見えることも、当事者のあなたは、物事の見方が固定化されてしまい、新たな発想に気づきにくくなっているかもしれません。

　このことも後で詳しくご説明しますが、物事が膠着し、解決できなくなっているときは、「変化が起きにくくなっている」のです。この課題に困っているあなたや、課題の当事者である児童生徒の考え方や行動、または家族や担任など周囲の人の考え方や行動に変化がなくなっているのです。

本書でご紹介する BM は、ブリーフセラピー（短期療法）の考え方に基づいています。ブリーフセラピーでは、「変化を起こすこと」によって、クライエントの課題を解決していきます。つまり **BM は、膠着してしまった課題に対して「変化を起こす」ための会議方法**なのです。

　BM では、事例報告者とカタリスト（Catalyst）、そしてメンバーがいます。カタリストは、耳慣れない言葉かもしれません。これは英語の Catalyst からとったものです。Catalyst は、（重要な）変化を起こす人、触媒などという意味です。BM では、カタリストが中心となり会議を進めるのですが、BM を行うことで事例報告者やメンバーがもつ物事の考え方、事例の捉え方、当該児童生徒の捉え方などに変化を起こすことができます。いままで事例報告者にはなかった発想が生まれてきます。

　また、ここで面白いのは、変化が起きるのは、事例報告者だけではないということです。BM に参加したメンバーの思考にも変化が起こるのです。もっと言うと、実はカタリストにも変化が起きます。つまり、**BM は参加する者を成長させる会議方法でもある**のです。

　どんな業種でも、会議ほど時間を取られ、疲弊するものはありません。議論が堂々巡りになり、満足のいく結論が出ないときはなおさらです。本書では BM の教育分野での活用方法をご紹介していますが、BM は汎用型の会議ツールです。学校では、事例検討の他、授業、学級活動、生徒会、部活動などに活用することができますが、学校以外のどの業種でも活用することができます。

　BM は、TILA 教育研究所のメンバーが、佐藤節子氏が行っていた「解決志向のホワイトボード教育相談」（佐藤、2012）[*1]の研修会を受けたことがきっかけで生まれました。「解決志向のホワイトボード教育相談」は大変斬新な教育相談の手法です。「犯人探しをしない」、「原因に終わらない」、「現実に私たちができることを決める」など、解決志向の考え方で、ホワイトボードを用いたファシリテーションの理論と手法を生かした教育相談です。TILA 教育研究所で行っている研究は、ミルトン・ハイランド・エリクソン博士の治療実践を元とするブリーフセラピーに大きな影響を受けています。「解決志向のホワイトボード教育相談」に、さらにブリーフセラピーの考え方や技法を取り入れ、再構成することで汎用型の会議方法に改変しました。

　あなたもぜひ、この素晴らしい会議方法を使って解決のための「変化を起こして」みませんか。

令和 4 年 6 月　TILA 教育研究所　石黒康夫

＊1　佐藤節子「学校における効果的なケース会議の在り方について─「ホワイトボード教育相談」の試み─」『山形大学大学院教育実践研究科年報』2012 年

30分で会議が終わる！
職員室に変化を起こすブリーフミーティング
もくじ

ブリーフミーティング
とは

ブリーフミーティングは、変化を起こすための会議方法

　ブリーフミーティング（以下、BM）は、「変化を起こすこと」によって課題を解決していく会議方法です。おもに事例報告者が提供する事例の捉え方や考え方、これまでの対処方法などに変化を起こします。また、事例報告者だけでなく、参加メンバーの考え方などにも変化は起きます。では、なぜ変化を起こすことができるのでしょうか。

　BM は、ブリーフセラピーの考え方を元にしています。ブリーフセラピーは、精神科医ミルトン・ハイランド・エリクソン博士（Milton H. Erickson M.D. 1901-1980）の臨床実践に何らかの影響を受けて発展してきた短期療法の総称です。エリクソン博士は、クライエントの問題に対して、『問題はその機能的事由のため発生したのであろう。しかし、それらの症状は、時が経つに従い、その機能的役割を終えるかもしれない。そして、人間は非常にパターン化されやすく、そのため症状が続いているだけなのかもしれない』（W・H・O' Hanlon、1995）[1] としています。

　また、彼の弟子であるジェフリー・ザイク博士は、その著書の中で、エリクソン博士の治療を特徴づける基本原則の一つとして、『問題は、非病理的見知から捉えられ、人生の変わっていく要求に適応するための試みの結果と考えられる。』（Zeig. J.K 2003）[2] としています。つまり、クライエントの症状は、クライエント自身に起きた何らかの問題に対処しようとして起こしているもので、問題自体がなくなって、症状がその機能的な役割を果たさなくても、パターンとして残ってしまうということです。

　エリクソン博士は、『人々の行動や思考は強固にパターン化されている』と考えていたようです。そして、『このパターンを破壊することは、最も治療的な方法の一つとなりうる』としています。人は何らかの出来事（精神的に辛いことなど）に対処しようとしてさまざまな症状を起こします。しかし、時間が経ち事情が変化することで、その症状には何の意味もなくなってしまっても、パターン化された習慣として残ってしまうのです。つまり、変化しにくくなっているのです。そこで、何らかの働きかけをすることで、強固にパターン化されたことを崩そうとしているのです。エリクソン博士は、『治療に持ち込まれた問題を克服することで、患者は成長し変化を生み出していけるようになる。

＊ 1　W・H・O' Hanlon 著、森俊夫・菊池安希子訳『ミルトン・エリクソン入門』金剛出版、1995年
＊ 2　Zeig. J.K. and Munion, W.M 著、中野善行・田中春夫訳『ミルトン・エリンソン　その生涯と治療技法』金剛出版、2003年

雪だるま効果が生じ、生活全般によい変化が起こるようになる』*²とも信じていました。

　皆さんは、「リフレーミング」という言葉をご存知でしょうか。リフレーミングはブリーフセラピーの技法の一つです。ある出来事や物事を、いままでの見方とは違った見方をすることです。そして、それらの意味を変化させることで、気分や感情を変えます。つまり、見方に変化を起こしているのです。エリクソン博士の治療の逸話はたくさん残っていますが、その中から一つだけご紹介します。「シナモンフェイス」というものです。本来は長いのですが、紙面の都合で、少し省略して概略をご紹介します。

　母親に連れられて８歳の少女がエリクソンの元に訪れます。この子は、姉や両親、学校の先生、同級生、郵便配達人、牛乳配達人など周囲のすべての人を嫌っていて、攻撃的に振る舞います。そして自分自身のことも嫌っています。エリクソン博士が、母親になぜそこまで嫌うのかと尋ねると、母親はその子の顔にある「そばかす」が原因だと言います。そして、学校の子どもたちは、娘のことを「そばかす」と呼ぶので、「そばかす」をひどく嫌っているのだと言います。母親に、娘をエリクソンの元に連れてくるように言います。すると娘は、入ってきてドアのところに立ち、拳を握って顎を突き出し、エリクソンを睨みつけ、いつでも戦えるぞという様子でいます。するとエリクソンは、その子に対して、「泥棒！泥棒だ！」と言います。その子は、「自分は泥棒でない、何も盗んでいない」と言います。しかしエリクソンは、「いや君は泥棒だ。物を盗った。何を盗んだか知っているぞ。証拠だってあるぞ」と言います。彼女は、「証拠なんてないわ。私は何も盗ってないもの」と言い、腹を立てます。すると、エリクソンは「君が盗んだとき、どこにいたのかも知っているぞ」「君は台所でテーブルの用意をしていたんだ。用意しながらテーブルのところに立っていたんだ。君はクッキーの缶に手を伸ばそうとしたんだ。シナモンクッキーやシナモンパンやシナモンロールの入った缶にね。それで、顔にシナモンがこぼれたんだ。君は『シナモンフェイスだ』」と言いました。(シドニー・ローゼン、1996)*³(編者要約)

　これをきっかけにこの少女の攻撃性はなくなっていきます。そして、周囲の人たちと良好な関係をつくれるようになるのです。もうおわかりですよね。エリクソン博士は、この少女を怒らせます。そして、少女がもっている自分の「そばかす」に対する悪いイメージを、一瞬にしてシナモンフェイスというよいイメージにリフレーミング（変化）、させているのです。ちょっとした変化が、雪だるま式にさらなる変化を生んでいくのです。　　（石黒）

＊３　シドニー・ローゼン著、中野善行・青木省三訳『私の声はあなたとともに　ミルトン・エリクソンのいやしのストーリー』二瓶社、1996年

ブリーフミーティングの特徴

　学校では、問題行動、いじめ、不登校、学級崩壊など、さまざまな課題への対応が求められ続けています。また、近年では、特別な支援を必要とする児童生徒への合理的配慮や支援も求められるようになりました。

　そうした中、中央教育審議会 (2015)[*4] は、「チームとしての学校」を強調し、学校の先生方同士に加えて、心理や福祉等の専門家、関係機関などとチームとして課題解決に取り組むことの重要性を唱えています。そこで学校では支援会議やケース会議、校内委員会などの会議が開かれ、それらの課題への対応や支援が協議されるようになっています。

　そのような会議をどのように進めていくのかについて、文部科学省 (2010)[*5] は、インシデント・プロセス法 (以下、IP法) という方法を紹介しています。IP法は、事例報告者が資料を基に「このような児童生徒が、このような状態にあって、このような対応をしている」と事例の状況を説明し (①事例報告)、参加者が事例報告者に「もう少し詳しくここを教えて欲しい」、「このような場合はどうなのか」などの質問を行い (②情報収集)、そして、参加者が事例の見立て (どうしてそのような状態が起きているのか) や具体的な対応策を個別に検討し (③個人研究)、グループで個人研究の内容について発表、討議を行い (④グループ研究)、さらに全体でグループ研究の内容について発表、討議を行い (⑤全体研究)、最後にまとめを行う (⑥まとめ)、といった方法です (石川、2018)[*6]。これは、多くの学校で行われている方法ではないでしょうか。

　IP法は会議を進めるための有効な方法ではありますが、しばしば、事例報告が長くなってしまったり、事例の見立てにおいて「原因は何か」や「何が (誰が) 悪いのか」という原因探しや犯人探しに終始してしまったり、論点がずれてしまったりして、具体的な対応策が見出せないままに終わってしまうこともあることが指摘されています。

　そこで、IP法の問題点を解決するために、ロジャースのパーソンセンタード・アプローチのグループ観を応用した PICAGIP法 (村山・中田、2012)[*7] という会議の進め方や

---

*4　中央教育審議会「チームとしての学校の在り方と今後の改善方策について (答申)」2015年
*5　文部科学省「生徒指導提要」ぎょうせい、2010年
*6　石川満佐育「インシデント・プロセス法を用いた事例検討による援助力向上の効果の検討—大学院生を対象とした授業実践による検討—」『聖徳大学大学院教職研究科紀要　教職実践研究』8、2018年、75-87頁

ファシリテーションの考え方と解決思考アプローチを活用したホワイトボード教育相談（佐藤、2012）*8など、さまざまな方法論が考案されてきました。本書で紹介しているブリーフミーティング（以下、BM）は、ホワイトボード教育相談を基に、ブリーフセラピーの考え方を取り入れ、手順を再構成したものです。

　BMでは、その工夫として、**①手順と時間の構造化、②視覚化、③ブリーフセラピーの考え方**、の三つを採用しています。

　「①手順と時間の構造化」とは、どのような順序で会議を進め、それを何分で行うかを明確にした、ということです。具体的には、①ルールの確認（1分）、②事例報告（5分）、③質問・リソース探し（10分）、④「今日のゴール」の設定（1分）、⑤解決のための対応策の検討（12分）、⑥実施する対応策の決定（1分）というように、各手順でやることを明確にし、また、手順の中に対応策の決定を入れ込むことで、何をするかまでたどり着けるようになっています。さらに、各手順にかける時間を設定することで、必ず次の手順に進むようになっています。当たり前のようですが、何を何分でやるか、という会議の構造を決めることによって、スムーズに会議を進めることができるのです。

　「②視覚化」というのは、ホワイトボードを使って、事例報告や参加者の発言内容をメモしていく、という点です。私たちは、問題解決場面において、頭をいろいろと働かせます。「どうしたら解決するかな？」「こうしたら、どうだろう？」「いや、あれはどうだろう？」と。しかしながら、頭の中で考えているだけではなかなかまとまりません。そうしたときに、頭の中で行っている思考を書いたり、話したり、図にしたりすることによって理解が促進したり、問題解決が行われやすくなることが多くの研究によって示されてきました。こうした活動は、心理学の中では、「思考の外化」と呼ばれています（三宅、1994）*9。BMは、こうした「思考の外化」のアイデアを基に、話し合いにおける参加者たちの思考プロセスをホワイトボードに「視覚化」していきます。

　議論の内容を視覚化するという実践はすでに1970年代から行われてきました（当時はホワイトボードではなく、模造紙を使っていました）。「思考を外化」する形での会議はビジネス界でもその有効性を認められており、数多くの実践がなされています（Hautopp & Ørngreen、2018）*10。それらの実践はグラフィック・ファシリテーション、ファシリテーション・グ

＊7　村山正治・中田行重編『新しい事例検討法 PCAGIP 入門―パーソンセンタード・アプローチの視点から―』創元社、2012年

＊8　佐藤節子「学校における効果的なケース会議の在り方について―「ホワイトボード教育相談」の試み―」『山形大学大学院教育実践研究科年報』3、2012年、23-30頁

＊9　三宅芳雄「個人意識の外化に基づく思考支援環境」『情報処理学会研究報告　ヒューマンインタフェース研究会報告』94、1994年、109-116頁

ラフィック、ヴィジュアル・ミーティング、グラフィック・レコーディングなどさまざまな名称で呼ばれています。言葉で外化するのか、図や絵で外化するのかなどさまざまなヴァリエーションがありますが、BMではおもに言葉での外化を中心にしています。

そして、「③ブリーフセラピー（短期療法）の考え方」を応用しているところにBMの大きなポイントがあります。ブリーフセラピーについては、本書の「ブリーフミーティングの前提になる考え方」（23頁）で詳しく説明されていますが、簡単に説明すると、議論の際に、原因を追究して問題に取り組んでいくというアプローチをとるのではなく、いまあるリソース（資源や資質）を活かして解決像やゴールに向けて、具体的なアクションを行っていくというゴール志向のアプローチを採用していることが特徴です。

このようにBMでは、会議の流れや時間が明確で構造化されており、議論の内容がホワイトボードに視覚化されており、ブリーフセラピーの考え方を応用することで、限られた時間の中で、軸がぶれることなく、具体的な対応策にたどり着くことができます。

さて、もちろんBMは、問題解決のためのアイデアを考えるのにとても有効な手法です。しかし、それだけでなく、参加者に対する教育的な効果も期待できます（例えば、村上・福住・磯邉、2021）[11]。現在、教育現場ではアクティブ・ラーニング型の授業が取り入れられるようになっていますが、アクティブ・ラーニングのポイントの一つは、先ほど説明した「思考の外化」です。思考を外化することは、すなわち自分の考えたことを書く、話す、発表するという他者にもわかる形で外に出すことです。そして、他者にもわかる形で自分の考えを外に出すことによって、協同の学習が生まれていきます。うまく考えがまとまらないときに、他者と議論をすることで「そういうこともあるな」「これはどうだろう」と新たな気づきが生まれることがあります。他者との協同の中で思考を外化することで、さらに思考が触発され、学習が深まるのです。

すなわち、**BMにおける話し合いは、参加者同士の協同学習という側面をもちます。**困っている人（事例報告者）の問題を単に解決するというだけでなく、一人ひとりが問題解決のプロセスに主体的に関与することによって、「そういう風に考えると解決志向的な考え方ができるんだなぁ」「そういうところに着目するといいんだなぁ」「たくさんのアイデアや対応策を知ることができた」というように、**参加者の中で学習を引き起こすことができる**のです。

（村上）

---

*10　Hautopp, H., & Ørngreen, R. (2018). A Review of Graphic Facilitation in Organizational and Educational Contexts. Designs for Learning, 10, 53-62.

*11　村上達也・福住紀明・磯邉陽子「教員研修におけるアンケート調査を活用したブリーフミーティングの実践」『高知大学学校教育研究』3、2021年、199-208頁

第1章

会議が変われば
職場が変わる!

働き方改革のはじめの一歩は、会議を変えることから

　私が中学校に勤務していた頃、「荒れている学校ほど会議が多く、しかも長い」「会議をやっている時間があったら、その分生徒と関わればいいのに……」という言葉をよく耳にしました。考えてみれば当たり前のことです。職員会議や学年会などの定例会議以外の会議を行う場合、『問題が起きたから会議を開く→開いたところでそう簡単に解決策は浮かばない→解決策が浮かばないから会議は長引く→会議が長引くからその間にまた問題が起こる』といった負のスパイラルに、知らず知らずのうちに巻き込まれていきます。こうなると、現場の先生方は対応に追われ、通常の教育活動（提出物の点検や授業準備、教材開発、行事の準備、相談活動など）に費やせるはずの時間がなくなり、残業や持ち帰り仕事をしないと追いつかなくなります。

　学校における働き方改革の目的は、教師のこれまでの働き方を見直し、教師が我が国の学校教育の蓄積と向かい合って自らの授業を磨くとともに日々の生活の質や教職人生を豊かにすることで、自らの人間性や創造性を高め、子どもたちに対して効果的な教育活動を行うことができるようになることです（文部科学省、2019）[*1]。改革を進めるためには、**変化を起こす**ことです。その変化をきっかけに、正のスパイラルへと向かうよう、流れをつくればよいわけです。そこで、働き方改革のはじめの一歩として、『**会議を変える**』ことを一緒にやってみませんか。

1. いまなぜ、ブリーフミーティングなのか

　なぜこんなにも会議が多いのか、なぜこんなに会議は長引くのか、と嘆いてばかりもいられません。2017年の日本教育カウンセリング学会第14回大会のミニ研修会で佐藤節子氏の「解決志向のホワイトボード教育相談―チームで行う効果的・効率的・そして楽しい教育相談―」に参加して以来、「どうすれば効率よく効果的に会議を進めることができるか」に焦点を当て、教育現場で実践を重ねていきました。効率よく効果的な会議であることはもちろん、参加者すべてがリソースとなり誰でも活用しやすい会議の納得解として、いまのブリーフミーティング（以下、BM）ができあがりました。BM はあく

[*1]　文部科学省「公立学校における働き方改革の推進」2019年

までも現段階での納得解なので、今後もよりよい方法へと変化し続けていきます。

　ここでは、校内支援会議を例に考えてみましょう。

　皆さんはこれまで、支援会議のための資料の準備にどれだけ多くの時間を費やしてこられましたか？　準備をすればするほどあれもこれもと伝えたいことが多くなるものです。そして、いざ会議が始まると、複数の事例についてそれぞれの担当者から事例が報告されるため、気づくと情報交換だけで会議の予定時間を使ってしまい、対応策は出されないまま「様子をみましょう」の一言で会議が終わることも多かったのではないでしょうか。

　ここからは、BMの概要についてご説明します。これまで行ってきた支援会議との対照表をご覧いただきながら「なるほど、こんなにちがうのかぁ〜」とイメージしてみてください。

表1　これまでの支援会議とブリーフミーティングの対照表

	これまでの支援会議	ブリーフミーティング
準　備	会議までに支援シートに記入	必要なし
時　間	1時間〜2時間以上	30分
事例報告	長時間を要する	困っていることを5分間で話す
参加者	事例報告者と一部の人のみの考えで進行	全員が解決志向で進行する。徐々に解決志向が身につく
対応策	出にくい 抽象的で曖昧になりがち	たくさん出てくる 自分で選べる
ゴール	特にないかあったとしてもすぐには達成しにくい	具体的行動レベルで示されている
途中参加者への対応	これまでの説明が必要	正面に共有された記録を見ればOK
会議の記録	個々の記録はバラバラ	（写真に撮り）同じ記録を共有
支援行動	具体的な支援行動に結びつきにくい	具体的な支援行動がわかり、みんなでサポートできる

　対照表を見て、「たった30分で本当に効果的な対応策が立てられるの？」「時間ばかりを気にしてじっくり考えていないんじゃないの？」「ベテランの先生の考えだけでグイグイ進めてしまうのでは？」などなど、この30分で何が起きるのか、にわかには想像できないかもしれません。

　ただ、表1の「ブリーフミーティング」側に挙げられた項目がすべて実現すれば、い

いことずくめであることはご理解いただけたことでしょう。事例報告者は、事前の資料準備に時間を割かれることなく、いま困っていることを仲間に聞いてもらえ、しかも解決策まで得ることができるわけです。参加者は、会議に参加しメモを取ることなく、メンバーの話を聞いているだけでも、徐々に解決志向が身につきます。しかも自分も似たような事例に遭遇した際（あるいは、いま現在対応中の場合）、その対応策の**引き出しを増やす**ことができるわけです。つまり、これまで打つ手が見つからず、膠着していた事例に**変化を起こす**ことができるのです。そして何よりも、その対象者である児童生徒に**変化を起こす**ことができるというわけです。

　百聞は一見に如かず。まずは試しに体験してみることが一番です。

2. 30分でここまでできる

　会議といえば「長い」「疲れる」「解決策が出てこない」などネガティブなイメージが多い中、BMの参加者からは、「たった30分とは思えない」「これならできそう」「やる気が出た！」など、ポジティブな言葉が聞こえてきます。これまでの会議を考えると、30分という短時間では、事例の報告を聞くのが精一杯と思われている方もいらっしゃるでしょう。

　しかし、BMでは必ず次なる一手が数多く提案されます。30分と限られた時間の中で、会議終了時に次なる一手が数多く提案されるためには、これまでの会議では思いつかなかった秘策が見つかるということです。そこで大切なのが効果的で効率よく進めるための30分の流れと時間の構成です。大きくは右の①～⑥に示すような流れで構成されています。

> ## ブリーフミーティングの流れ
> ①ルールの確認
> ②事例報告（5分）
> ③リソース探しのための質問（10分）
> ④ゴール設定
> ⑤解決のための対応策
> ⑥決定

　また、時間の構成は、②と③で合わせて15分のみです。つまり、①④⑥でかかる時間はせいぜい3分で、一番時間をかけたい⑤については12分確保されることになります。この12分間は、参加者全員で共通のゴールを目指すのですから、単純計算してものべ〔12分×参加者の数〕の時間分の解決志向が展開されるというわけです。しかも、ブレーンストーミングで行いますので、互いに刺激し合うことで面白いくらい多種多様な対応策が導き出されます（ブレーンストーミングについては、次頁の4原則をご覧ください）。

ところで、「30分でここまでできる」ことについて述べてきましたが、実は、15分でもできる裏技があります。といっても、実際に集まって行う時間が15分という意味ですが。つまり、②と③を事前に事例報告者がホワイトボードに書いて準備しておく方法です。具体的には、事例報告者によっ

て②の書かれたホワイトボードを、会議室や先生方の休憩室のように先生方しか入れない場所（児童生徒の目に触れない場所）で、なおかつ先生方が普段行き来しやすい場所に置いておきます。準備ができたら、先生方に15分 BM の日時を伝えます。先生方は、自分の空いている時間に③を書いていきます。事例報告者は15分 BM 当日までに、書かれた質問に対し返事を書いておきます。あとは、BM と流れは一緒です。複数の先生が同じ時間にたった15分、都合をつけられれば開催できるというわけです。空き時間のない小学校の先生方や学年会等で複数の事例について話し合いたい中学校の先生方におすすめの方法です。

3. 誰もが当事者

　会議といえば、発言者の多くが事例報告者とそのプロジェクトに関わる担当者です。それ以外のメンバーは「早く終わりますように……」と願いながら、なるべく余計なことを言わず、黙って時を過ごすことが多いのではないでしょうか。しかし、BM では、会議開始からわずか30分、会議が終わる頃には、このメンバーでやりきったという達成感とともにチームの一員としての「われわれ意識」まで芽生えてきます。

　「BM では誰もが当事者になれるのか」とふりかえったとき、私たちの恩師、國分康孝先生の「やはり人はワンネスだよなぁ～」が浮かんできました。これは育てるカウンセリングの根底に流れる「ふれあい」（リレーション）をつくるツボとして、実存主義心理学者のクラーク・ムスターカスの理論をもとに考えられたワンネス、ウイネス、アイネスのうちの一つで、相手の身になれる、相手のたしになるようなことをする、お互いが固有の存在であることを認め合えるような人間関係を言います。

　これをひもとくと、ワンネスとは、人の内的世界を共有しようとする姿勢のことです。「相手が喜んでいるときにはこちらも明るい気持ちになり、相手が悲しんでいるときはこちらも気持ちが重くなるといういわゆる相手の内的世界を共有する姿勢のこと」（國分、

2009)[*2] です。これはまさに、会議のメンバーが事例報告を聞くときに必要な姿勢です。自分自身にかかわりのあるものとして捉える「自我関与」なくしては、このような姿勢にはなれません。つまり、「自分でも気づかないうちに当事者になっている」というわけです。

　ウイネスとは、人の役に立つことをしようとする姿勢のことです。ポイントは、相手の存在を認めること、ほめること、実際に行動を起こすことの三つです。会議の場では、事例報告者を認めながら、自分のアイデアや気づいたことをどんどん発言することです。

　アイネスとは、人とは違う自分を打ち出そうとする姿勢のことです。自己開示や自己主張など「私メッセージ」で語ると相手は受け止めやすくなります。

　ワンネス、ウイネス、アイネスは、リソース探しのための質問や解決のための対応策を得るためのブレーンストーミングをしているときの姿勢です。BM に慣れてくると、メンバーは「待ってました！」とばかり本領を発揮し、ブレーンストーミングを始めるのです。

4. 解決像に意識を集中　〜解決志向のブリーフミーティング〜

　会議といえば、膨大な資料が配られ、それに目を通しながら、大切な箇所には線を引きコメントを入れるといったイメージでしょうか。同時にいくつもの作業をしながら、事例報告を聞き、問題点を抽出します。さらにその中から課題を絞り込み、解決策の検討もするなんて、もう神業としか言いようがありません。もしも、配付資料がなかったら、どんなにスッキリするでしょう。資料に線を引いたりコメントを入れたりすることもなかったら、もっともっと問題解決に意識を集中することに頭を使えます。

　BM では、配付資料はありません。資料がないのですから、線を引いたりコメントを入れたりする必要もありません。ゆえに、同時にいくつもの作業をこなす必要もなくなります。メモを取ることもありません。ここで話されたことは全員でシェアできるよう、ホワイトボード（または黒板や模造紙など）に記録されるので、誰もが話に集中できます。事例報告のときは、ひたすら聞くことに意識を集中し、リソース探しのための質問のときは、解決のための対応策を探るために必要な質問をすることに意識を集中できます。そして、BM の真骨頂ともいえるのが解決のためのブレーンストーミングです。解決像に意識を集中させ、知恵を絞りブレーンストーミングしていきます。

---

*2　國分康孝『教育カウンセリング概説』図書文化社、2009年

5. 会議でスッキリやる気が出る

　会議中、問題に直面したときに、「そもそも〜べきだったのでは？」という人がいると実に厄介です。「そもそも論」では、目の前の問題の解決に何ら寄与しないばかりか、話が広がりすぎて、この会議で話し合うべきテーマからは外れてしまいます。会議中はもちろん、会議後も何のための会議だったのか、モヤモヤしてスッキリすることはありません。

　しかし、BMは、解決志向で進めるので、そもそも論はそもそも出てきません（万が一そもそも論が出てきたら、カタリストがさりげなく介入します）。また、メンバーそれぞれの立場や経験の長い・短いも関係ありません。ブレーンストーミングでは、誰もが対等な関係でないと会議が進まないからです。そして、自分たちで思う存分出し合った多種多様なアイデアの中から、次なる一手として事例報告者が「これならできそう」「よしやってみよう」と思う方法を選べるので、会議終了時にはスッキリ感を味わうことができます。

6. ベテランも新人も対等に

　会議といえば、それなりの立場の人またはベテランの人が意見を言うと、他のメンバーは黙って聞くしかないという状態になってしまうことも多いのではないでしょうか。新人はもちろん、たとえベテランでも異動した年は新参者で児童生徒の様子もわからないため、意見を控えてしまうことが多いと思います。

　BMでは、停滞した現状を打破するための**小さな変化**が重要な鍵を握っています。その小さな変化を起こすために、**思いもよらないアイデア**がたくさんほしいのです。思いもよらないアイデアは、新しい風となる新人や新参者の得意とするところです。また、彼らから出されるアイデアに触発され、そこに自分のアイデアを融合することで、これまで考えてもみなかった新たなアイデアがひらめくのです。

　そこにはベテランも新人も新参者も関係ありません。メンバー一人ひとりが課題解決のためのリソース（資源）です。自分でひらめいたアイデアは、自分にできそうなことです。このようにして出されたアイデアだからこそ誰もが気軽にできることなのかもしれません。

　たった12分程度のブレーンストーミングの時間が、互いの実践を出し合い、より高次の次元へと進化させる貴重な学びの時間にもなり得るのです。誰もが互いの実践から学

ぶこの工程こそが、教師の自己教育力を高めるうえでも一役かっているのです。

7. どんな課題も解決できる　～いつでもどこでも誰でもできるブリーフミーティング～

　教育現場の課題は、簡単には解決できないものがたくさんあります。手に負えなくなると、学級が落ち着かないのは発達に課題のある児童が複数いるため、担任一人ではどうすることもできないとか、家庭に問題があるため学校での対応にも限界があるなど、原因追及に余念がありません。こうした原因追及をすればするほど、袋小路に迷い込み解決策は見つからず時間ばかりが過ぎる残念な会議になってしまいます。

　BM は解決志向です。発達に課題があろうがなかろうが、家庭に問題があろうがなかろうが、その子がどうなっていればいいか、**具体的行動レベルでゴールを定めます**。その具体的な行動を出現させるため、メンバー全員が大きな一つの頭脳となって、多種多様の対応策（小さな変化）を出していきます。

　例えば、授業中離席する子への対応策では、離席していないときに「お〜、頑張っているね」「ノート書けたね」などと声をかけたり、黒板と教卓の間で授業をするのではなく、その子のそばに行き、その子の机に手を置いて授業をするといった、誰もがすぐにできそうな対応策が出されます。会議後、実際に対応策を試しにやってみて、うまくいったら続ければいいですし、うまくいかなかったら他の対応策を試せばいいわけです。そして、一度試してうまくいったらそれを続けてみる、といった繰り返しです。

　また、BM で提案された多種多様の対応策について、蓄積データ（139頁参照）を取りながら行うと一つひとつの対応策がブラッシュアップされていくのでおすすめです。

（鹿嶋）

ブリーフミーティングの前提となる考え方

1. ブリーフセラピーの考え方

　ブリーフミーティング（以下、BM）という名前は、私たち TILA 教育研究所の造語です。この言葉の由来は、いわゆる「ブリーフセラピー（短期療法）」を元にしているからです。BM は、短時間で成果を得られる会議方法であり、基本的な考え方や技法は、ブリーフセラピーをモデルにしています。

　ブリーフセラピーは、前述したようにミルトン・ハイランド・エリクソン博士の臨床実践に何らかの影響を受けて発展してきた短期療法の総称です。高石（2001）[*3] によれば、その名称の由来は、「後継者たちがブリーフを唱えるのは、精神分析など長期療法に対する旗印として掲げたものであろうと思われる」としています。ブリーフセラピーの中には、解決志向型アプローチ（Solution Focused Approach）、システムズ・アプローチ、MRI（Mental Research Institute）という研究所内の短期療法センターで発展してきたアプローチや神経言語プログラミング（NLP）などがあります。エリクソン博士は、「人はそれぞれユニークな存在であるから、治療は患者一人一人に合わせて行われるもので同じものはない」という考え方から、自身の「理論」や「心理療法モデル」を残していません。ですから、エリクソン博士に教えを受けた人たちが、エリクソン博士の実践から、それぞれが考えて理論づけたものが現在のさまざまなブリーフセラピーなのです。本書でご紹介する BM の基本的な考え方も、エリクソン博士の臨床実践の影響を受けています。では、BM が用いているおもな「ブリーフセラピー」の考え方についてご紹介しましょう。

　一つ目は、**「変化を起こすこと」**です。このことは前章でも触れました。相談者によい変化を起こすことがブリーフセラピーの目的です。変化を起こす場所や方法が、それぞれのセラピーでやり方が異なっているのです。エリクソン博士は、よく相談者に課題を与えることで、小さな変化を起こすことをしていました。小さな変化を起こすと、後は相談者自身の力で雪玉が坂道を転がるように変化が大きくなっていくと考えていまし

[*3]　J.Heley 著、高石昇（訳）『戦略的心理療法　ミルトン・エリクソン心理療法のエッセンス』黎明書房、2001年

た。BMでも、変化を起こすことをねらいにしています。事例報告者は日々、対象となる事例の児童生徒に関わり、その児童生徒の課題を解決しようと努力を続けています。しかし、その児童生徒への見方や捉え方、起きている問題への対処の仕方が固定化して、他の可能性に気づきにくくなっていることがあります。そうした、事例報告者の物事の見方や捉え方、対処の方法に変化を起こします。

　二つ目は、「**原因にこだわらない**」ということです。エリクソン博士は、心理療法に初めて未来志向を取り入れた人と言われています（W.H. O'Hanlon 1995）[*4]。そしてエリクソン博士は過去について、「過去は変えられない。変えられるのは過去に対する見方や解釈の仕方だけである。これすらも時とともに変わるのである。（中略）明日に向かう今を、人は生きているのである。ゆえに、心理療法は、明日、来月、来年、その先の未来に向けて今日をどう生きるかということにきちんと方向づけられるべきである」と述べています（W.H. O'Hanlon 1995）。

　よく学校で行われる事例検討会では、「どうしてこの子はこんなことをするようになったのだろう」と、その原因を追求しようとします。これにかなりの時間が割かれ、参加者は原因の追求にクタクタになることがあります。原因を追求することで、問題となっていることが解決するのならばよいのですが、多くの場合そうはなりません。また、原因は一つとは限りませんし、原因がわかったとしてもどうにもできないこともあります。過去に起きたことは変えられません。であるならば、この児童生徒にとって、どうなるとよいのか、起きている問題の解決像に焦点を当てたほうが、建設的ですし時間も有効に使えます。ですから、BMでは原因にこだわりません。ただし、原因と起きていることの因果関係が明らかで、その原因に介入することができるならば、この限りではありません。また、原因を知ることで未来に起きることの予防ができるのであるならば、原因を知ることも大切です。

　三つ目は、「**ユーティライゼーション（Utilization）**」ということです。この言葉は、私たちTILA教育研究所の名称の由来でもあります。これは簡単に言えば、「解決に役立つことは何でも利用する」ということです。BMで言えば、事例報告者が提供する事例の当該児童生徒の性格、頑なな思い込み、特技、行動……と、もし解決に役立つならば何でも利用するということです（これは後で述べるリソース（資源）とも関係します）。もし起きている問題自体が解決に役立つならばそれも利用するのです。

　エリクソン博士のところにある女性が相談に来ます。彼女は目に見えたことをすべて

＊4　W.H. O'Hanlon 著、森俊夫・菊池安希子訳『ミルトン・エリクソン入門』金剛出版、1995年

細かに話さないと気が済まない、という強迫的欲求がありました。そのとき目に入ったことに逐一コメントを付け加え、遮る間も与えずとうとう、いつ終わることもなく喋り続けます。そこで、エリクソン博士は、眼鏡を拭いたり、机の上の吸取紙を動かしたり、いろいろ動き始めます。彼女はすぐにエリクソン博士の行動にコメントを加えます。そのうちエリクソン博士は、徐々に動きに間を入れていき始めます。すると彼女はコメントするために、次のエリクソン博士の動きを待つようになります。セッションが進むに従い、彼女の話す速度はエリクソン博士の動きによって決まってきます。そしてしばらくすると、エリクソン博士が口をはさむことができるようになり、治療へと進んでいきます（W.H. O'Hanlon 1995）。エリクソン博士は、この女性の「見たものはすべて口にせずにはいられない」という、彼女の問題自体を解決のために利用しているのです。

　ここまで、BM が用いているブリーフセラピーの基本的な考え方を三つご紹介してきました。ここで、エリクソン博士のユニークな治療例を用いてご紹介したのには理由があります。BM では、ブリーフセラピーの考え方だけでなく、エリクソン博士がもつ「柔軟性」も取り入れたいからです。

　BM では、事例報告者とメンバーそしてカタリストによって会議を構成します。カタリストが BM を進行していきます。BM を進行する際、BM では事例報告者、メンバー、カタリストを一つの大きな頭脳と考えています。カタリストは、この一つの脳の中にさまざまな変化を起こしていきます。カタリストは、変化を起こす際につねに自由な、そして柔軟な発想で、一般的な常識に縛られることなく、事例報告者やメンバーが解決に向けたさまざまな発想がもてるようにするのです。人は相互作用の中で生きています。お互いが影響し合っています。BM を行うことで、カタリスト、事例報告者、メンバーは、互いに影響しあい、学びあい成長することができます。

2. カタリストの役割

　私たちは、BM で会議を進行する役割を「カタリスト」と呼んでいます。カタリストは英語の Catalyst からとりました。Catalyst は（重要な変化や出来事を）引き起こす人、触媒という意味があります（『ロングマン英語辞典』）。これは、カタリストの役割を象徴しています。いままでお伝えしてきたように、カタリストの大きな役割の一つは、小さな変化を起こすことです。もちろんカタリストの役割はそれだけではありません。カタリストの役割について見ていきましょう。

　まず、**会議全体を構成すること**です。何を構成するかというと、会議の内容と時間で

す。内容は、「ルールの確認」、「事例報告」、「質問・リソース探し」、「今日のゴールの設定」、「解決のための対応策」、「決定」などです。時間は、「事例報告」が5分、「質問・リソース探し」が10分、それ以外を全部含めて30分で終了するようにします。もちろん、満足のいく「次の一手」が見出せれば30分以内で終了しても構いません。場合によっては「事例報告」が長くなってしまうことがあります。そうした場合、カタリストは一旦途中で止めます。そして、次の「質問・リソース探し」の中で必要に応じて述べてもらいます。反対に5分かからないこともあります。その場合は余った時間を他に回して有効に使いましょう。

次は、**会議の進行や内容に関する介入**です。「ルールの確認」では、BM が解決志向であることと、守秘義務であることを確認します。私たち教師は守秘義務には慣れています。しかし、解決志向で考えることについてはそうでもありません。BM を始めたばかりのときは、つい物事の原因を考えてしまいがちです。ですから、「質問・リソース探し」では、原因を尋ねるような質問が出た場合、カタリストは解決志向で考えるようにメンバーに促す必要があります。

また、「解決のための対応策」では、解決につながる具体的な行動レベルの策が出るように促します。具体的な行動レベルということはとても重要です。「様子を見る」、「連携する」、「支えていこう」など何をやるのかよくわからない策が出た場合は、「具体的にはどんなことをするのですか」などとメンバーに行動レベルで策を出してもらうようにします。また、ブレーンストーミングですから、質よりも量で、いままでなかったような、思いもよらない策が出てくるようにメンバーに働きかけます。働きかけるということは、出てきたメンバーの意見に対してカタリストが質問するということです（142頁「カタリストの虎の巻」参照）。

そして、とても大切なのが、「今日のゴール」です。膠着してしまっている事例に対して、解決への希望がもてる**「次なる一手」を見出すこと**です。事例報告者や事例の当該児童生徒にとって、どのようなことができるようになればいいのかということです。ここで大切なことは、スモールステップで考えることです。いまの状態よりほんの少しよくなっている状態を考えるように促します。もちろんここでも、具体的な行動レベルで考え、「○○できる」などのように肯定的な表現にします。

また、時として「解決のための対応策」で、メンバーからよい策が出てこないことがあります。このような場合カタリストは、「今日のゴール」が適切ではないのではないかと考えて、「ゴールメンテナンス」をします。メンバーから具体的な策が出てこないということは、ゴールとする目標が高すぎたり、抽象的だったりする可能性があります。

カタリストは「もう一度ゴールを見直してみましょう」などと言って、ゴールの見直しをします。

　ここまで、カタリストの役割を概観してきました。カタリストは単に会議を進行するのが役割ではありません。カタリストは、事例報告者やメンバーの考え方や物事の捉え方に変化を起こして、全員の力を結集してよりよい解決を創り出していきます。カタリストには自由で柔軟な解決志向の発想が求められます。そう聞くと「自分にはできそうにない」と思われるかもしれません。でも安心してください。BMは回を重ねるごとに、メンバーや事例報告者、カタリストを成長させてくれます。

（1）小さな変化を起こす

　ブリーフセラピーでは、「変化」というと、周囲から肉眼で捉えられる変化のことを言います。つまり客観的に捉えられるものです。相談者の気づきや理解の深まりがあっても、それだけでは変化とは言わず、それに伴う行動がなければ変化とは言いません。

　それでは変化を起こすことは難しいことなのでしょうか。実は、変化は絶えず起こっているものなのです。本来、変化は必然であり、絶えず起こっているものなのです。自然の中に存在するものは絶えず変化をしていて、人も例外ではありません。私たちの目の前にある机は、一見何の変化もしていないように見えますが、分子レベルでは振動しています。どんなものも必ず変化しているのです。そうは言っても、一般的には変化を起こすために大きな力がいると考えがちです。しかし、それは反対なのです。変化が起きていないのではなく、変化が起きないように不自然な力が働いているのです。

　私たちは、さまざまな体験を通して無意識に自分自身のイメージを創り上げています。自分はこういう人（ボディー・イメージも含めて）というイメージをもっています。そのイメージはさまざまな体験や人との関わりの中でつくられていったものです。そして、一度自己イメージができあがると、無意識にそれを維持しようとします。ですから、「頑固なおじいさん」は無意識に頑固であることを維持しているのです。

　人が影響を受ける代表的なものに「言葉」があります。人は言葉によってさまざまな影響を受けます。特に否定的な言葉によって、マイナスの自己イメージがつくられることがあります。例えば、「またやったの？」、「何回言ったらわかるの?!」は、「あなたは変わらない」というメッセージです。最初から「無理しないでね」は、「それをすることは、あなたには無理なこと」というメッセージです。こうした否定的な言葉を無意識に取り込んで、マイナスの自己イメージがつくられます。そして、その自己イメージを維持することで、変化が起きにくくなっています。エリクソン博士は、変化しにくく

なっているところに、小さな変化を起こすことをしていました。

　変化はどのように起こるのでしょうか。「変化はしばしば瞬間におこる」(森、2015)[*5]と言われています。人は直線的ではなく階段状に成長していきます。徐々に成長するのではなく、まるで階段を一段上がるように、ある日突然成長します。森(2015)は、「人生には、流れが変わる点(屈折点)というのが存在する」と言っています。ある日を境に、突然次のステップに移るのです。自転車に乗れなかった人が、ある日突然乗れるようになるのです。一度乗れるようになると乗れなくなることはありません。小さな変化が大きな変化につながります。BMは、会議を通して事例報告者や、事例報告者が指導している児童生徒に小さな変化を起こすことを目指しています。ドミノ倒しの最初の1枚です。エリクソン博士は、「スタートラインにいる患者にゴールを示し、スタートの合図を出すことが治療者の仕事で、走るのは患者である。治療者が一緒に走る必要はない」と言っています。BMでは、相談者とカタリスト、メンバーが一緒にゴール(小さなゴール、スモールステップ)を創り、そこに向かって走るためのきっかけをつくっていきます。

　BMでは、ブリーフセラピーの一つのモデルである「Solution Focused Approach」[*6](以下、SFA)の中心ルールを用いています。これは、SFAを用いて何かを行うときの基本的な考え方です。

【SFAの中心ルール】
①うまくいっているなら、変えるな
②一度やってうまくいったことは、もう一度試せ
③うまくいっていないのなら、(何でもよいから)違うことをせよ

　ここで言う、「うまくいっている」ということは、客観的に見てよい結果が出ている状態です。ここまで読み進められてきた皆さんなら、この中心ルールが何のためにあるのかおわかりになると思います。この中心ルールは変化を起こすためにあります。BMでは、「解決のための対応策」を考え出すときに、この中心ルールを用いて行います。

(2) リソースに気づかせる

　カタリストが変化を起こすために用いるツールに、「質問」があります。カタリスト

＊5　森俊夫『ブリーフセラピーの極意』ほんの森出版、2015年
＊6　Steve de Shazer と Insoo Kim Berg 等によって、米国ミルウォーキーにある Brief Family Therapy Center (BFTC) での実践を集約してモデル化したもの。

は、BM が進む中で、事例報告者やメンバーに対しさまざまな質問をすることで、新たな気づきを生んだり、考え方の枠組みに変化をもたらしたりします。SFA には、スケーリングクエスチョン、コーピングクエスチョン、ミラクルクエスチョン、例外探しなどのさまざまな質問方法（32頁を参照）があります。こうした質問技術を駆使して、事例報告者に気づきを起こすことは、カタリストの大きな役割です。

　そして、カタリストが質問することで、事例報告者に気づきをもたらしたいものの一つに、**「リソース」**があります。「リソース」は資源とも言います。「リソース（資源）」は、解決像を構築するために使えるもののことを言います。通常の SFA では、相談者自身や相談者の周囲にある資源を探します。BM では、事例報告者や事例報告者が指導する児童生徒、そしてその周辺にあるものすべてが対象となります。

　「リソース」の考え方として、内的リソース（能力・興味関心・すでにできていることなど、その人の内面的なこと）と外的リソース（周りにあるもの・同居している家族など、その人の外部に存在しているもの）があります。さらに、具体的に言えば、事例報告者自身や事例報告者が指導する児童生徒の性格・長所・短所・趣味・特技・苦手なこと・感情・信じていること・こだわり・家族・ペット・友人・部活の先生・学年の先生・持ち物などなど……です。

　どんな人にも必ず「リソース」があります。反対に「あるもの」がないことも「リソース」として使えるかもしれません。柔軟な発想で考えることが大切です。お気づきだと思いますが「リソース」は、よいものとは限らないのです。**「リソース」はそこにあるもの**なのです。対象となる児童生徒が苦手としていることが「リソース」になるかもしれません。その子が何かを嫌っていれば、その「嫌っていること」や「嫌っているもの」が解決に使えるかもしれません。**どれが解決に役立つか役立たないかが問題**であり、良いか悪いかは問題になりません。解決に役立つ「リソース」を、事例報告者やメンバーがいかにたくさん見つけられるかが一つのポイントとなります。

　そのため、カタリストには枠組みにとらわれない自由な発想力が求められます。森（2015）は、「問題」も「リソース」であると言っています。例えば、場面緘黙（話ができるのにある状況下では何も言葉を発しない）の子どもは、人前でずっと話をしないわけですが、これを反対に捉えると、話すことができるのに、人と一緒にいる間全く話さないでいる力をもっているのです。これは、すごい能力です。つまり、森（2015）は、それを「問題」と捉えるか「才能」と捉えるかであるとしています。

　ミルトン・エリクソン博士も、「問題」そのものを解決のための「リソース」として用いています。エリクソン博士は、指しゃぶりをやめない6歳の男の子の親から相談を

受けます。彼は左の親指だけをしゃぶっていました。エリクソンは男の子に『それだけじゃ不公平だよ。他の指も、同じくらい時間をかけてしゃぶってあげなきゃ』と言い、右の親指もしゃぶるように、そして最終的には他の指も全部しゃぶるようにと男の子に言います。男の子の指しゃぶりはすぐに半分以下に減少したとエリクソンは語っています（前掲 W.H. O'Hanlon、1995）。

　つまり、「リソースはそこにあるものすべてなのです」。解決のために使えるのであれば「問題」も「リソース」の一つとして使います。「○○ができない」という否定的に見えることも解決のリソースとして使えるかもしれません。一見悪く見えるもの、一般的には使えると思えないものでも、その人にとっては有効なこともあるかもしれません。最初から使えないと決めつけてしまうのではなく、つねにフラットな心で物事を柔軟に眺めることが大切です。解決に役立つであろう「リソース」をより多く気づかせることが大切です。カタリストは、偏った見方にならないように気をつけて、柔軟な発想でBMを進められるとよいです。

（石黒）

（3）カタリスト事始め～カタリスト虎の巻～

　「すぐにでもBMを取り入れたいけれど、カタリストはどんな場面で、どのように介入したらいいの？」との声にお応えし、進行の流れと介入する場面＆セリフをコンパクトにまとめた教師用の「カタリスト虎の巻」（巻末資料142頁参照）を作成しました。イメージしていただくために一例を示していますので参考にしてください。

　なお、ホワイトボード（または黒板）には事前に次頁のように、項目の書かれた掲示用プレート（巻末資料146～155頁参照）を貼っておきます。

（4）カタリストを体験すれば、より早く解決志向が身につく

　BMに参加すると、自然と解決志向が身につきます。さらに、カタリストを体験すると、より早く「解決志向」の基本的な考え方が身につきます。解決志向が身につくと、日常生活でも原因追及ではなく、「すべての人にリソースがあり、よりよき未来を手に入れることのできる力をもっている」という発想に変わってきます。「カタリスト虎の巻」を片手に、ぜひ、多くの方にカタリストを体験していただけることを楽しみにしています。

ホワイトボードの掲示とカタリストの介入の一例

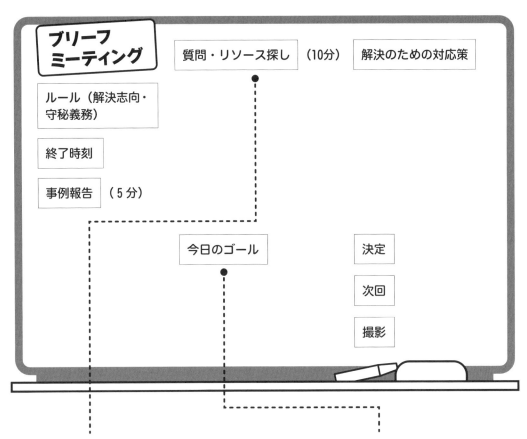

●リソースを引き出す

質問が出にくい場合は、「ここでは、次の解決のための対応策のヒントになるようなリソースについて質問があるといいですね」などとメンバーへ質問を促します。質問が出てこない場合は、「休み時間には誰とどんな過ごし方をしていますか?」「ペットは飼っていますか?」などと、カタリスト自らが質問をしてモデルを見せるのも一つの方法です。

●ゴール設定を見直す（ゴールが高すぎる場合）

事例報告者：「忘れ物をしないようになってほしいです」

カタリスト：「忘れ物をまったくしなくなるとすごくいいですよね。でもここでは、そうなるためのはじめの一歩、少しがんばればできそうなことを考えてみましょう。それを『○○しない』ではなく『○○している』に言いかえるとどうなりますか?」

事例報告者：「では、『筆記用具を持ってこられるようにする』にします」

3. ブリーフミーティングは学級活動にも活用できる！

　BM は個別のケースはもちろんですが、学級づくりの場面でも活用することができます。学級担任が一人でアセスメントを行い、目指す学級像に少しでも近づけようと努力しても、苦労の連続で思い悩む日も多くあります。そこで、子どもたちが主役になって行う学級づくりにシフトチェンジしてみませんか？

　子どもが主体となって学級づくりを行う方法として、BM を活用することで、子ども一人ひとりが「自分たちの学級は自分たちでよくしていく」という参画意識（当事者意識）をもち、自治力を高めることができます。

　さらに、誰もがカタリストができるようになれば、子どもたちにも解決志向が身につきます。そこで、特定の誰かがカタリストを行うのではなく、誰もがカタリストを体験できるようにと考え、**「生徒用：カタリストマニュアル」**（巻末資料144頁参照）を作成しました。

　学級でスタートするにあたり、「なぜいま、ブリーフミーティングを学級に取り入れようと考えたのか」、また、「その意義やこれを体験することで、生徒の未来にどのようないいことが起こるか」について、先生ご自身のお考えを述べると、生徒の抵抗ややらされ感が軽減され、意味のある時間として活動できるでしょう。　　　　　　　（鹿嶋）

4. 新たな視点や気づきを促す技法

〈例外探し〉

　問題の「例外」を尋ねるものです。問題がなかったときや、問題があっても、いまよりも少しはよかったときの具体的状況を事例報告者に尋ねます。そこで見つかった「例外」を、**すでに起こっている**解決の一部と考え、そこからさらに解決を広げていくことを目指します。問題の渦中にいる人は、「いつもうまくいかない」、「全くできない」などと思いがちです。しかし、本当に「いつも」、「全く」なのでしょうか？　実際は何回かうまくいっていたり、少しはましだったりすることがあっても、気づきにくくなっているのです。その少しでもうまくいっていることに気づかせるための質問です。

　「例外」を発見したら、次はそれを分析します。「何がよかったのだろうか」、「どういう手助けがあったからうまくいったのだろう」、「どうやったの」などと聞きます。例外には、**意図的例外**（自分の関与がある。自分が何かしたことによって例外が起こった）と**偶発的例外**（自分の関与がない。周囲の影響、何で起きたかわからない）の２種類があります。意図的

例外のほうがよいのですが、偶発的例外でも分析することで意図的例外にすることができます。具体的に質問することで、例外を見つけることができます。例えば、「この生徒は全く学校に来てないのです」などと言ったとき、「○月は何日来ましたか？」などと聞くと例外が見つかることがあります。

〈スケーリングクエスチョン〉

　最高によいとき（解決の状態）を10、一番悪い状態を0とした尺度上で、現在の状態を表現するように求めます。具体的に**数値化**することで、漠然とした状態を確認できます。小さな変化に目を向ける質問をします。ねらいは、1点の違いに具体的な差を見つけ、スモールステップでゴールへ近づくことです。

　例えば、対象の児童生徒の状態を「2」と事例報告者が表現したとします。そうしたとき、例えば「その2点分は何ですか？　何があるから2点なのですか？」や「何があれば、あるいは何ができるようになれば、『3』になりますか？」と聞くことにより、すでにできていることや小さなゴールを見つけることができます。

〈コーピングクエスチョン〉

　おもに、例外が見つけられない場合やスケーリングクエスチョンで0点だった場合等に使われる質問技法です。問題解決への努力を受け止め、どのように対処してきたかを尋ねます。**できていることについて動機づけ**ができれば、事例報告者の自己有用感を高めることができます。「そんな大変な中で、よく今日まで投げ出さずにやってきましたね。いったいどうやって、やってきたのですか？」などと聞くことで、事例報告者がこれまでにできていること、支えているものを引き出すことができます。

〈ミラクルクエスチョン〉

　「もし、奇跡が起こって、ある朝、目が覚めたときに、いまの問題がすべて解決していたとしたら、どんなことから問題が解決したとわかりますか？」などと聞きます。袋小路に迷い込んでいる相手を力づけ、解決像を構築するために使う質問です。例えば、事例報告者から目指したいゴールがなかなか出てこない場合、**解決したときの姿をイメージ**させます。このとき、視覚、聴覚、嗅覚、肌感覚などすべての感覚で捉えた、解決したときの変化について考えます。対象の児童生徒の変化だけでなく周囲の変化も対象になります。対象の児童生徒を変化させにくいときは、対象の児童生徒の周囲を意図的に変化させることで、間接的に対象の児童生徒に変化を促すことができます。

〈コンプリメント〉

　「ほめる、賞賛する」という単語の本来の意味のほか、感謝する、敬意を表す、ねぎらうこと等も含まれます。他者から肯定されたり、勇気づけられたりすることで解決につなげます。カタリストは、事例報告者やメンバーの発言に対して、基本的に「コンプリメント」する姿勢が大切です。

5. メンバーの役割

　次に、「メンバー」の役割についてお話ししたいと思います。一般的に、家族療法を行うときは別として、カウンセリングは、相談者とカウンセラーの一対一で行われます。しかし、BM では、事例報告者とカタリストの他に「メンバー」が存在します。「メンバー」は、通常の事例検討会や会議等でいう参加者です。BM を単なる会議として見ると、カタリストが進行役で、事例報告者は事例を提供する人、「メンバー」は参加者として意見を述べる人たちとして捉えることができます。

　BM は会議ですが、単なる会議ではありません。集団で行う解決志向型のカウンセリングなのです。では、「メンバー」の役割は何なのでしょう。メンバーは、事例報告者やカタリストから見れば、拡張された頭脳のようなものです。メンバーは「智」の集合体なのです。さらに言えば BM では、カタリスト、事例報告者、メンバーを一つの大きな頭脳のように考えています。カタリストは、この大きな脳に変化を起こして、事例報告者の課題を解決していきます。人は相互作用の中で生きています。カタリスト、事例報告者、メンバーは互いに影響し合っています。メンバーの役割は、いままで事例報告者がもたなかった柔軟で自由な発想の考え方やアイデアを出していくことです。

　メンバーは、事例報告者から事例報告を聞いて、疑問に思ったことなどを事例報告者に質問します。この質問が重要なのです。事例報告者にはご自身の思考の枠組みがあり、なかなかその枠組みから出られなくなっています。困難な問題に取り組んでいる場合、考え方や取り組み方が固定的になっていてもそれに気づきにくくなっていることがあります。知らず知らずに、あまり有効でないことを繰り返していることもあります。渦中にいるとなかなか気づきにくいものです。ですから、問題が解決できずに悩んでいるのです。

　メンバーは、事例報告者が報告する問題や事実を、メンバーそれぞれの枠組みで捉えます。つまり事例報告者とは異なる視点で同じものを見てくれるのです。事例報告者には当たり前と思えていることが、メンバーから見るととても不自然なことであるかもし

れません。事例報告者の問題を、メンバーがそれぞれの立場・経験・資質・能力から捉えなおして事例報告者に質問することにより、事例報告者がいままで気づかなかったことに気づかせてくれるかもしれないのです。

　また、解決策を構築していく際には、事例報告者にはなかった発想や経験により、さまざまな解決策を構築することができるのです。ですから、メンバーにはさまざまな立場の人が参加するのがよいと考えられます。学校で言えば、同学年の教員だけでなく、他学年・養護教諭・スクールカウンセラー・スクールソーシャルワーカー・管理職などです。より多くの立場や経験のある人、分野が異なる人がいたほうが、より多くの発想や多様な対応が期待されます。また初任者のメンバー、経験豊富なベテランのメンバーがいることにより、従来の枠にとらわれない発想や、深い経験に支えられた対応方法などさまざまなアイデアが期待できます。初任者は経験のあるメンバーから BM を通して学ぶこともできるのです。

　BM はメンバーの構成によって、その結果が左右されることがあります。メンバーがまだ BM に不慣れであり解決志向の発想になれず、つい原因探しをしたりマイナス思考の発言をしたりすることが多いと、BM がうまくいかない場合があります。そのようなときはカタリストが軌道修正します。しかし、カタリスト自身が不慣れな場合もあります。BM は道具です。道具をうまく使うにはある程度は練習が必要です。仮に最初はうまくいかなくとも、がっかりすることはありません。BM は、回を重ねるごとにカタリストもメンバーも成長していきます。大切なことは、解決志向であることや中心ルールを忘れずに会議を進めることです。BM は参加者を成長させる会議方法です。メンバーとして BM に参加しているうちに、互いの発言からより柔軟な解決志向の考え方が身についていきます。また、カタリストの技法も学ぶことができます。学校全体でBM を行うことで学校全体が解決志向で取り組めるようになっていきます。

（石黒）

Column 1
· · · · · · · · · · · ·

ブリーフミーティングを職場に馴染ませるコツ

　ブリーフミーティング（以下、BM）はわずか30分で解決に向けての「次なる一手」を生み出すことのできる会議です。忙しい職場にとってこれほどありがたいことはありません。きっと体験したことのある人なら皆さん「うちの職場でもやりたい」と強く思っていることと思います。ここでは、研修会でBMのよさを体験した人が、自分の職場にもって帰ってBMを馴染ませるためのコツについて書きたいと思います。

　一つ目は、理論を学んだ仲間をつくることです。BMは使い勝手のよさから、スキルだけをなぞってやっているという話をよく聞きます。しかしそれは本物ではなく、「なんちゃってBM」になってしまい、本来の目的を達成することはできません。職場でBMに取り組むためには、一緒に研修会に参加してBMの基になっている理論を学んだ仲間が3人いれば心強いと思います。

　二つ目は「時間は有限である」ことをつねに意識することです。BMの30分間だけ時間を意識するのではなく、「働き方改革」が進められているからこそ、日常のいろいろな場面（とくに会議）で時間を意識し、その一つの方法としてBMを取り入れると馴染みやすく、職員に必要性と有効性を感じてもらうことができます。

　三つ目は、職場の会議のスタンダードとして位置づけ、不登校や生徒指導、特別支援の校内委員会などの場でやり続けることです。そのためには、会議室や校長室など会議を行う部屋のホワイトボードに常時BMのプレート（巻末資料146〜155頁）を貼り、「カタリスト虎の巻」（巻末資料142頁）をラミネートしたものを置いておき、いつでもすぐに使えるように準備しておくことも一案です。

　解決志向の考え方が馴染むと、子どもの変化だけではなく、メンバーにも『変化』『時間』『リソース』を意識する態度がいつの間にか身につき、「BMやりましょう」が合言葉になります。

（吉本）

第2章

30分でできる！
ブリーフミーティング
の進め方

ブリーフミーティング
の進め方

ブリーフミーティング　全体の手順	
（1）ルールの確認	（8）ゴールメンテナンス
（2）終了時刻の設定	（9）決定する（事例報告者）
（3）事例報告（5分間）	（10）事例報告者の感想
（4）質問・リソース探し（10分間）	（11）次回開催日等の確認
（5）見立て	（12）デジタルカメラで撮影
（6）「今日のゴール」の設定	（13）フォローアップ
（7）解決のための対応策	

　ブリーフミーティング（以下、BM）は、カタリスト、事例報告者、メンバーで行います。ホワイトボードに記入する記録者は、慣れないうちはメンバーのうちの誰かが行い、慣れてきたら、カタリストが兼任するのが理想的です。この理由は二つあります。

　一つは、カタリストが書くことによって、メンバーが話を聞きながら理解を深めるためのほどよい時間がつくれること。もう一つは、カタリストが報告内容を書くことによって事例報告者は受容感を得られ、事例報告者とカタリストとの関係性をつくることができるからです。

　BMを行う場所は、ノートに記録をとる必要がないので、椅子さえあれば机は必要ありません。ホワイトボードと座るスペースさえあれば始めることができます。

　では、BMの全体の流れを手順にそってみていきましょう。

（1）ルールの確認……解決志向、守秘義務

カタリスト「いまからブリーフミーティングを行います。本日のカタリストを務めます○○です。本日の事例報告者は○○さんです。ルールは『解決志向』で考

えることと『守秘義務』です。なぜこんなことになったかの原因探しではなく、どうやったらうまくいくか、うまくいったときには、どのようなことが起きているか、より具体的な行動レベルで考える、解決志向でお願いします。なお、この会議で知り得た個人情報については守秘義務の対象になります。」

①毎回ルールの確認を行うことで意識を変える

　校内で毎週行い、メンバーが固定している会議の場合（例：不登校支援委員会）でも、**必ずルールの確認を行います**。ホワイトボードを指さしながらこのルールを説明することで、メンバーの顔が上がって、BMに臨むための解決志向へと意識が変わっていきます。

②解決志向で考えるとは

　ここでいう「解決」とは「問題解決」ではなく、「解決の構築」のことです。解決のために新しく何かが構築されることで、よりよき未来の状態を手に入れることを意味します。

　「よりよき未来の状態」を手に入れるためには、「なぜうまくいかないか」から**「どうしたらうまくいくか」へ考え方をシフトする必要**があります。そのためには「どうしたらうまくいくか」を考える前に、**「うまくいっている状態では、どのようなことが起きているか」**について、より具体的に想像できるようになることが重要です。

③守秘義務があるからこそ安心して語れる

　これは教育現場では常識的なことですが、会議にはいろいろな立場の方も参加しますので、**守秘義務について毎回必ず確認します**。子どもや保護者、関係者のプライバシー保護は重要なルールです。このルールが守られなければ、事例報告者は安心して事例を報告することができません。会議に初参加の方がいる場合は、守秘義務について具体的に、どんな場合にどんなことを漏らしてはいけないのかなど、留意点を伝えることも大切です。

（2）終了時刻の設定……30分で解決する

 　カタリスト「会議の終了時刻は○時○○分です。」

　会議の最初に、ホワイトボードの「終了時刻」の箇所に「○時○○分」と明記します。

BMの最大の魅力は、30分で解決のための具体的な方法が見つかることなので、メンバーも終了時刻を意識しながら時間を有効に使うことが求められます。

（3）事例報告（5分間）……5分で報告を終える

 カタリスト「では、事例報告者の○○さん、最初に事例報告を5分でお願いします。いま、一番困っていることから話してください。」

①いま、一番困っていることから話す

　カタリストは事例報告者に簡潔な報告を求めます。時間を有効に使うためには、「いまどんなことが起こっていて、誰が、何に困っているのか」について簡潔に報告することがポイントです。しかし慣れない間は、成育歴や家族の状況など、どうしようもない、解決できない原因を掘り下げる発言が出てしまう場合があります。このようなときはカタリストが「いま、一番困っていることについてお話しいただけますか？」と本筋からそれないように促します。

　事例報告は、解決のために必要と思われる情報を得られればいいので、深追いしない姿勢が大切です。

②予定時間になったらいったん報告を終える

 カタリスト「時間ですのでいったん終わります。言い足りないかもしれませんが、このあとリソース探しのところでまた話してもらうことができるので、安心してください。」

　カタリストは必要に応じてタイマーやストップウォッチ等を用いて時間を計り、予定時間（5分が目安）になったら、事例報告の途中であってもいったん報告を終えるように促します。足りない情報については、「質問・リソース探し」で補うようにします。これにより解決に結びつかないような話題や、「誰が悪い」「何が悪い」という悪者探しの発言が皆無となり、リソース探しへと話題がシフトしていきます。慣れてくると5分かからずに事例報告が終わることもあります。その場合は5分間という時間にこだわらずに次に進みます。

（4）質問・リソース探し（10分間）……具体的行動レベルで考える

 カタリスト「これから質問・リソース探しに移ります。リソースとは、すでにで

きていることやその人の資源のことです。リソース探しのために、メンバーから事例報告者への質問をお願いします。なぜこんなことになったかという原因探しではなく、どうやったらうまくいくか、うまくいったときにはどのようなことが起きているかといった、具体的な行動レベルで考える解決志向でお願いします。では、どなたからでもどうぞ。」

①解決に結びつく情報を得る時間

　実際にBMを行うと、事例報告者からは、「何をすればいいのか途方に暮れていたのに、こんなにたくさんできることがあるなんて」という声をよく聞きます。

　対応策が多く提案されるためには、解決に結びつく情報をいかに引き出し、得られた情報をどのように活用すれば解決に役立つかを考えられるかがポイントになります。つまり、解決のための対応策に結びつくリソースをいかに見つけられるかがこの10分間にかかっているのです。

　カタリストはリソースを引き出す質問が出ることを心がけるとともに、事例報告者への批判やあら探しにならないよう注意します。メンバーは回を重ねるごとに、どんな質問をすれば解決に役立つ情報を引き出すことができるのかを考えて質問できるようになります。

　リソースというと役に立つものと考えてしまいがちですが、役に立つ・立たない、良い・悪いではなく、本人がもっているものや周囲にあるもの、すでにできていること、すべてがリソースなのです。日常の生活の中にもリソースはたくさんありますし、私たちが課題だと思っていることの周辺にもリソースがある場合があります。

　これらの質問に対して事例報告者からは、いままで気づかなかった（気にもとめていなかった）その子のリソースが語られます。メンバーの感想で、「本人にとっての課題がリソースにもなり得るということは、自分に置き換えてみると納得できました」と子ども自身が自分の問題解決のためのリソースをもっていることを実感できたという声がありました。

②「例外探し」からもリソースを発見できる

　「『例外』とは、すでに起こっている解決の一部である」というのが解決志向の定義です。私たちは子どもの状態を語るときに、「いつも……」「何をやっても……」とすべての時間や場面においてうまくいっていないという認識に陥りがちです。しかしよく考えると、「授業中立ち歩きが多いけれど、図工の時間だけは立ち歩きせず作品の制作に夢

中になっている」とか「毎日遅刻をするけれど、給食がカレーの日は朝から登校できる」など、うまくいっていること（とき）もあることに気がつきます。

　これらはうっかりすると見逃してしまうことですが、実は解決の始まりになっているというのが解決志向の考え方です。小さな例外を探し増やしていくことで、日常生活も変化していき、例外ではない状態になっていくのです。

（5）見立て……状況に合った対応を行うために

①無意識の中でメンバーが個々に行う

　BMは短時間で行う会議なので、見立ては事例報告を聞きながら無意識の中でメンバーが個々に行うことになります。ここでいう見立てとは、今回の事例の状況・状態を把握したうえで、「もしかしたら～があったかもしれない」と想像することです。仮説に過ぎないので、見立てが合っているときもあれば間違っているときもあります。

　個々で見立てを行うよさは、それぞれの見立てに応じて多種多様な対応策が出てくるということです。もしも見立てを一つに絞り、それに向かって対応策をたくさん出しても、見立て自体が間違っていたら、元も子もありません。例えば、「足の裏が痛い」と聞いて、いくつの見立てができるでしょうか？　歩きすぎ、スポーツ障害、けがをした、とげが刺さった等々。そこで「スポーツ障害ではないか」という一つに絞って治療しようとすると、「もう痛くない」と言うので、靴の中を見てみたらジャリが入っていたことがわかった、という感じです。

　ですからいろいろな仮説のもと、「どうなっていればよいか」という具体的行動レベルでのゴールイメージに向かって対応策を考えるほうが現実的といえるのです。

②専門家の見立てを解決に役立てることも

　しかし、発達障害の二次的な障害が隠れている場合や虐待が疑われるケース等については、子どもの状態に目を奪われることなく丁寧な見立てを行い、状況にあった対応を行うことが求められます。見立てを行うことで、「問題行動を起こす困った子ども」と理解するのではなく、「その子自身が発達の課題や虐待などの状況により困っているために、不適切な行動をとっている可能性がある」という理解がなされ、見方が180度変わる場合もあります。

　見立てでわかった状況に対して、発達障害の特性やそれに応じた指導方法や個別支援のあり方、有効な学習支援などについて、さらに理解を深めることが大切です。

　カタリストはこのような疑いのある場合、質問・リソース探しの後に、状態の背景に

ついて考えられる可能性として、スクールカウンセラーやスクールソーシャルワーカーなどに見立てを求めることがあります。ただしこの場合も、「原因探しのためではなく、解決に役立つために」という考え方で行うことが大切です。「○○だったら仕方ないね」「○○なら医療機関にお願いしよう」など、自分たちでできることを考えずにすぐに専門家に委ねたり、わかっても解決できない原因についていつまでも議論したりすることのないように気をつけます。**見立ては、原因を探るためのものではなく、行動を理解するためのもの**なのです。

（6）「今日のゴール」の設定……スモールステップ＆行動レベルで具体的に

カタリスト「今日のゴールを決めたいと思います。事例報告者の○○さん、ゴールはどうされますか？」

①ゴールの設定は事例報告者が行う

「今日のゴール」の設定は、本事例の状況を一番わかっている事例報告者が行います。事例報告者は事例報告や質問・リソース探しをしている間に、解決したいこと（変化を起こしたいこと）が明らかになると同時に、自分でもまだ気がついていなかったリソースにも気がつきます。その中で、「どのようになってほしいのか」というゴールを、具体的にイメージできるようになっていきます。事例報告者自らが「こんな姿になっていたらいいなぁ」と語ることでゴールの設定を行います。当人による設定が難しい場合には、メンバー全員でゴールを考え、事例報告者に「このゴール設定でいいですか」と確認します。

②よいゴール設定のための極意その1　〜スモールステップで変化を起こす〜

事例報告者がゴールを設定するときのポイントの一つは、スモールステップで考えることです。『解決志向ブリーフセラピー』（森俊夫・黒沢幸子著、ほんの森出版、2002年）では、「北極星と電信柱」というたとえが用いられています。解決像というのは「やがてはこうなっていればいいなぁ」という漠然としたもので進むべき方向を示してくれるもの、つまり北極星のようなものです。しかし、そこにはそう簡単にたどり着くことはできません。

電信柱は、北極星の方向に向かって進むときにすぐそこにあって到達できそうなもの、到達できたかどうかがわかるものです。BMでのゴールは、この電信柱にあたります。ほんの少し努力すればできそうなことや、いまできていることに少しだけ変化を加えれ

ばいいようなこと。そして、メンバーが「それくらいならできそうだ」と納得でき、成功体験を味わうことができるようなゴールの設定を行います。

③よいゴール設定のための極意その2　〜行動が見えるゴール設定〜

ゴール設定の二つ目のポイントは、ゴールが抽象的ではなく具体的で行動レベルになっていることです。行動レベルとは、「いつまでに○○（具体的な行動）ができるようになる」というものです。ゴールなので「いつまで」という期限を決めることも大切です。そして原因の解決に焦点を当てるのではなく、新たな解決や未来をつくるという発想でゴールを設定します。その子ども（保護者・クラス・グループ・学校の課題等）がどうなっていればいいかという解決像を思い描き、それを行動レベルで具体的に示します。

具体的な行動が単に「登校できるようになる」といった類のものではなく、5W1Hの形で「朝、学校の門まで来て、担任の先生と『おはようございます』とあいさつを交わすことができる」というようなものです。

「具体的に」というのは、そのときの様子（どんな行動をとっているのか）、声（どんな会話がかわされているのか）音（どんな声や音が聞こえているのか）、その場で感じられる空気やにおいまで、メンバーがイメージできるようなゴールのことです。メンバーが同じ姿をイメージすることで、次の「解決のための対応策」を得るためのブレーンストーミングでの発想がより豊かになっていきます。

④よいゴール設定のための極意その3　〜否定形ではなく肯定形で〜

私たちはシャツにシミが付いたときに、シミのついていない部分が大半なのに、ほんの少しのシミが気になってそれを取り除こうとします。ここではシミ（うまくいっていないこと）を減らそうとするゴールではなく、いまできていることを増やすという発想でゴールを考えます。したがって、「〜をしなくなる」や「〜がなくなる」といった否定形のゴール設定は避けます。私たちの脳は、次の段階の解決策を考える際に、否定形のゴールで考えるよりも肯定形のゴールで考えるほうがひらめきやすく、ポジティブな思考へとつながっていくのです。

⑤数値化することで変化に気づく

行動がイメージできたら、次はその行動が1日何回、1週間に何回、あるいは何分間、何時間など、どのくらいの頻度や時間できるようになればいいかを数値化します。例えば、「月に1回親子で登校する」「最初の5分間は教室で授業を受ける」といったもので

す。変化は絶えず起こっています。にもかかわらず、私たち教師は目の前の変化に気づかず、その小さな変化を見逃してしまいがちです。数値化することで、変化に気づき、子どもの成長を認めるチャンスが増えます。

　客観的に時間や回数などで測ることのできる数値だけではなく、スケーリングを使って本人の内面を測るというのも一つの手法です。例えば、「今日の○○さんの学校生活の満足度」をスケーリングして「あと何ができればその目盛りは一つ上がりますか？」と尋ね、ゴール設定するのも一案です。

（7）解決のための対応策……解決志向のブレーンストーミング

カタリスト「皆さんでゴール『○○』の対応策を出し合いましょう。ここは、ブレーンストーミングで行います。質より量です。変化を起こすための案をできるだけたくさん出してください。いままでにやったことのないこと、考えたこともなかったこと、思いもよらないことなど、大歓迎です。ほかの人のアイデアに自分のアイデアをプラスしても OK です。」

①思いついたことをどんどん発言

　「解決のための対応策」はブレーンストーミングの手法を用いて、メンバーそれぞれの経験や知識に基づいて、質より量の精神でどんどん発言していきます。

　一人が思いもよらない発言をすると、それに触発されてほかのメンバーから多様な意見が出されます。前の人が出した案をアレンジしたものや、さらに具体的にしたもの、新たにひらめいた対応策が次々と出され、ホワイトボードに書き込まれていきます。

> **ブレーンストーミングの4原則**
> ①アイデアの良し悪しを判断しない
> ②自由奔放を歓迎する
> ③意見の量（数）を求める
> ④他人のアイデアとの結合を求める

　ポイントは「子どものリソースを活用できるもの」「現実にできること」の二つです。

②子どものリソースを活用できるもの

　カタリストは、子どものリソースを再度確認します。これによりメンバーは、ホワイトボードを見ながら、それらを活用した対応策を考えるようになります。何もないところから対応策を考えるのではなく、リソースを手がかりに考えることがポイントです。とにかく役に立つものは何でも使う「ユーティライゼーション」（心理療法家のミルトン・

エリクソン Milton H.Erickson の技法の一つ）の考え方です。この方法であれば、当事者が容易に取り組める方法が出てきやすくなり、メンバーも柔軟な思考で対応策が考えられます。

　解決志向の発想の前提にある、「クライエントは彼らの問題解決のためのリソースをもっている。クライエント自身が彼らの解決のエキスパートである」のとおりです。例えば、不登校の子どものケースでは「卒業式で歌う曲を CD に録音して、別室で音楽の教員と練習する」「子どもが犬の散歩を日課にしている場合は、担任が散歩の時間に合わせて家庭訪問して、一緒に犬の散歩をしながら話をする」などいろいろ考えられます。

　このように考えるとリソースとは、その子ども自身がもっているものはもちろん、学校や地域、季節ごとの行事やお祭り、イベントなど案外たくさんあることに気がつきます。

③現実にできること

　解決のための対応策を考えるときのポイントの一つが、「現実にできるものであること」です。いくら素晴らしいアイデアであっても、多くの予算が必要なものや、面倒な準備や長期間の練習が必要なものでは、すぐに実現することはできません。お金、準備、手間がかからず、むずかしい技術を必要としないことなら、すぐにでも始めることができます。毎日の生活の中の一場面や行事、学校の中にある場所や備品・教材教具など、手を伸ばせばすぐに手に入るものを活用して考える楽しさも味わえます。

　会議室を出たらすぐにできるような、簡単であまり準備のいらない、誰でもできる対応策がたくさん出てくることが理想です。

④「こんなこと言って大丈夫かな？」と思うことが解決を生む

　解決志向のブレーンストーミングでは、互いの意見や知識に触発されて多様な対応策が出やすく、「こんな方法でもいいのだろうか」という遠慮がちながらも解決に焦点を当てた発言が増えてきます。

　実際の場面では、「こんなこと言うとおかしいと思われるかもしれませんが……」という発言に端を発して、それに類するアイデアがメンバーから次々と出されることがよくあります。「えっ？そんなこと？」ではなく「面白い発想だね。こうすればもっとうまくいくかも」など、出された意見を否定せずに受け入れ、さらにそれを活用して新たな方法を考えつくのも、解決志向というルールのもとで行う会議の醍醐味です。

（8）ゴールメンテナンス（必要な場合のみ）……「スモールステップで再考」

　ゴール設定を見直すことを、BM ではゴールメンテナンスと言います。今日のゴールを設定する段階で、事例報告者が提案したゴールを見直す場合もあれば、対応策のブレーンストーミングに入ってから、ゴール設定に戻って見直す場合もあります。

①対応策が出てこないときはゴールを見直してみる

　ゴール設定ができても、メンバーから対応策が出てこない場合があります。アイデアが浮かばないのは、ゴールの設定がしっくりこないためです。ゴールの設定が高すぎる、抽象的で何をどうすればいいのかがわかりにくい場合にこのような状況に陥ります。この場合カタリストは、「もう一度、ゴールの設定を見直してみましょうか」というゴールメンテナンスを促す発言を行う必要があります。事例報告者が設定したゴールを変える決断は勇気がいりますが、アイデアが浮かばないままに無駄な時間を過ごすよりも、ゴールを見直すことでよりよい対応策を引き出すほうがはるかに効率的です。

②ゴールが高い→ゴールを低くする

　私たちは「こうなってほしい」という思いが強く出て、ゴールの旗を遠くに立ててしまうことがあります。ゴールが高すぎるためにアイデアが浮かんでこない場合には、メンバーと一緒にゴールを低くできないか考え直します。具体的には、時間や回数（頻度）を再考したり、場面を変えたりして、いま設定しているゴールまでの間にマイルストーンを置き、「これくらいならできそうだ」というところまでゴールを下げるのです。

　例えば「忘れ物をなくす」というゴールの場合、毎日何も忘れずに登校できることがゴールになっているために、「何をどれくらい持って来られるようになればいいか」が明確になっていないので、思考がまとまらずアイデアが浮かばない状況に陥ってしまうのです。この場合、「まず何を持って来られるようになればいいか」「何ならすぐに持ってくることができるか」を考え、例えば、「返信の必要な書類を期限までに提出できる」というゴールに修正します。これにより、「返信の必要な書類には大きな字で提出期限を書かせる」「その子だけの返信便り袋をつくる」など、解決のための対応策が次々と出てきます。

③ゴールが抽象的→ゴールを具体的にする

　例えば、不登校のケースで事例報告者が「自信をもって欲しい」というゴールを設定したとします。確かに不登校の子どもが自分に自信をもち、自己肯定感が上がったら

「学校に行きたくない」ということもなくなるかもしれません。しかし、メンバーの頭の中にはそれぞれの「自信をつけた姿」ができあがり、具体的な行動レベルでの共通の姿はイメージできません。このように「自信をもつ」「あきらめずにやる」「積極的に参加する」といった抽象的なゴールが設定された場合には、対応策はなかなか出てきません。

　この場合には５Ｗ１Ｈの手法を用いて、「何が、どのように、どれくらいできるようになればいいか」が一目瞭然にわかるゴールに直すことが必要です。そこでカタリストは事例報告者に「○○さんが自信をもてるようになると、まずどんなことができるようになると思いますか？」と行動レベルに落とし込むような介入をします。

　そこで、ゴール設定を「私が家庭訪問に行ったとき、その場に保護者と一緒に同席できるようになってほしい」と変えた場合、メンバーの頭の中には保護者の横に座る子どもの姿がイメージできて、玄関のドアを開ける子どもの姿がイメージできて、「家庭訪問時には○○さんの好きな絵本を持参して読み聞かせする」「○○くんの好きなポケモンのシールを持っていくと、先生に会ってもいいかなぁと自分の部屋から出てくるかも」など、すぐにやってみたいと思うアイデアが飛び出します。

（9）決定する（事例報告者）……「次なる一手」を決める

 カタリスト「事例報告をしてくださった○○さん。皆さんからたくさん出していただいた中で『やってみよう』と思うものを選んでください（いくつでもかまいません）。」

①自己決定することで責任感が芽生える

　カタリストは、事例報告者が選んだものにマーカーで印をつけます。BMはメンバー全員が自分事として考える会議ですが、最後の「次の一手で何をやるか」を決める場面は、事例報告者が自己決定します。これは「やります」という宣言ともいえるわけで、「自分で選んだからには実行しなくては」という責任感につながります。

②自分が選ぶからこそうまくいく

　対応策の中から次の一手を選ぶ際に、事例報告者は「一番やりやすいもの」「これだったらできそう」と思えるものを選びます。つまり、ここでは事例報告者自身のリソースが生かされることになります。「客観的にみてこれがいい」「この方法が効率的」というものではなく、事例報告者自身が「やってみたい」と思って選ぶからこそうまく

いくのです。子どもの成功体験だけでなく教師の成功体験が期待できるのも BM のなせる業です。

（10）事例報告者の感想……感想が成果を物語る

 カタリスト「○○さん、今日のブリーフミーティングはいかがでしたか？」

　まずは事例報告者の感想から聞いていきますが、事例報告者以外に BM を初めて体験した人や、質問のある人、感想を述べたい人などにも話をしてもらいます。構成的グループエンカウンターのシェアリングのように、指名はせずに話したい人から話す、ふりかえりの方法で感じたことや気づいたことを共有します。

（11）次回開催日等の確認……参加者の意識を次につなげる

 カタリスト「次回は○月○日○曜日、○時から行います。」

（12）デジタルカメラで撮影……ホワイトボードがそのまま記録に残る

 カタリスト「では皆さん、ホワイトボードをデジタルカメラで撮影してください。」あるいは、「ホワイトボードの記録は、デジタルカメラで撮影して後ほどお配りします。」

　BM では、「いまここで」話し合った内容がホワイトボードに書かれているので、各自で記録をとる必要はなく、全員が顔を上げてホワイトボードを見ています。会議の最後にはこのホワイトボードを全員がデジタルカメラで撮影する（あるいは一人が撮影し、印刷してメンバーに配る）ことで全員が同じ内容の記録をもち、実践することができます。

（13）フォローアップ……認知し、実践し、効果をあげるために

　私たちは BM を通して、解決方法を「知っている」（認知）から「やっている」（実践）のレベルに上げるだけではなく、「うまくできている」（効果）のレベルになることをめざしています。そこで大切なのは、対応策を実施し、それを評価し、次につなげることです。

①「フォローアップシート」（巻末資料132〜134頁参照）

　事例報告者は、BMで出されたすべての解決のための対応策をこのシートに書き出して、会議中に自己決定したもののほかチャレンジしたい項目にチェックを入れます。支援や指導を行ってみて、結果を検証し、うまくいったものは「＋」、うまくいかなかったものは「－」、変化のなかったものは「±」と記入し、今後の指導に役立てます。この資料の活用意義の一つは、先生自身が子どもの変化に気づくようになり、認める声かけができるようになること。もう一つは、日常の指導においても解決志向で考えられるようになることです。

②「目標達成シート　〜なりたい自分になるために〜」（巻末資料135〜137頁参照）

　目標を達成するためのステップを、教師が対象の子どもに話を聞きながら具体的に記入します。本シートの活用の流れは、以下の4ステップです。

　①BMで決まったゴールについて対象の子どもに説明し、同意を得たうえで目標欄に記入する。

　②「すでにできていること」と「少しがんばればできそうなこと」を子どもに聞きながら記入する。

　③ゴールに到達するためのスモールステップを子どもと一緒に考える。

　④実施後の結果は、別紙「蓄積データ」（記録）に教師が記入して結果を評価し、次につなげる。

③「オーダー表　〜自分の願いをかなえるために〜」（巻末資料138頁参照）

　「いつ、どの場面で、誰に、どのような支援をしてもらえればなりたい自分になれるか」を、教師が対象の子どもに話を聞きながら具体的に記入します。困っている子どもは援助要請が苦手な場合が多いものです。この表の作成によって、子どもの援助要請能力を培うだけでなく、主体的に行動しているイメージを高め、メタ認知能力も育成します。

　　　　　　　　　　　　　　　　　　　　　　　　　　　　　　　　（吉本）

第3章

事例でわかる！
ブリーフミーティングの実際

　この章では、ブリーフミーティング（以下、BM）の様子をさらにイメージしていただくために、実際に行った会議の事例を紹介します。

　プライバシー保護のために52〜70頁のモデルケースおよび、72〜95頁の事例の詳細は脚色しています。

　また、ホワイトボードへの記述例は、紙面上のわかりやすさを優先して字数が多めになっています。実際はこれよりも簡潔な記述となります。

　モデルケース1（52頁）は、小学校の事例です。

　特別支援教育コーディネーターがカタリストになり、A男の多動性に苦戦中の学級担任が事例報告者になって、今後の学級経営について話し合いをしたものです。

　子どもとの関係がこじれてくると、教師はどうしても子どものもつリソースに目が向かなくなってしまいます。BMで解決策を見つけると同時に、ものの見方がリフレッシュされていく様子をご覧ください。

　モデルケース2（62頁）は、中学校の事例です。

　養護教諭がカタリストになり、B子の不登校について、学級担任が事例報告者になって、今後の支援を話し合いました。B子が楽しみにしている修学旅行という機会を生かした働きかけのアイデアが、メンバーからたくさん提供されています。

　二つのモデルケースから、30分のBMの中で、カタリスト、メンバー、事例報告者がどのようなやりとりを行っているのか、実際の様子をご覧いただけると思います。また、カタリストがどのようなことを考えながらBMを進行しているのか、介入のタイミングをどのように図っているのか等については、「カタリストの胸の内」を参考にしてください。

モデルケース 1
発達に課題がある児童への支援

ブリーフミーティング

ルール（解決志向・守秘義務）

終了時刻 16時30分

事例報告（5分）

- A男（小4）ADHDの診断
- コミュニケーションがとりづらい
- クラス男子とトラブル多い
- からかわれると激怒。かみつくことも
  ➡さらに周りがからかい、泣いて教室を飛び出す。➡先日はそのまま帰宅
- 勉強は苦手。字を書く×
- 挙手して発表できないとからかわれる
- 学級全体が落ち着きがない
  授業中ザワザワ
  開始時刻が守れない
  授業中の私語多い
  教員の指示が聞けない（無視）、離席
- A男、教室にいることが苦痛。欠席増える
- 登校できた日も頭痛や腹痛を訴え保健室へ

質問・リソース探し（10分）

- 性格は明るい。毎朝大きな声であいさつ
- 得意な教科——社会（歴史）、理科、図工
- 好きなこと——パソコンで絵を描く
  ガンダム、スターウォーズ
- 保健室では絵の話。自分のキャラクターも作成
- 自分に自信がない。将来に不安。➡勉強がわからない。友達とうまく接することができない
- 両親と弟（小1）。父親がよき理解者
  登校できる——実技教科のある日
- ずっといられる——体育、音楽、理科実験
- 学級全体で私語や席立ちがない
  ——エンカウンター、実技教科
- A男の面倒がみられる——10人ほど
- 友達の発表はよく聞ける
- 学級担任がお願いの形でいうと素直に聞く

今日のゴール

- 「からかいや冷やかしのないクラス」
  ⬇　　ゴールメンテナンス
「クラスのみんなが、A男のいいところを一つは言える」

【事例報告】
からかわれると激怒するA男の様子に、周りが反応してさらにエスカレート。学級全体にざわつきがみられる状態

【質問・リソース探し】
得意なこと、好きなことのほか、「自分に自信がない」「友達とうまく接することができない」というネガティブな内容もリソースになります。

★手だての視点★
- A男と周囲との人的環境調整
- 周囲がA男のよさを理解する
- A男に自信をもたせる
- A男自身と学級全体も、集中して取り組める活動・教科の活用

【解決のための対応策】
ゴール設定が具体的かつスモールステップな内容であったため、ブレーンストーミングで具体的な解決策が出やすくなりました。
リソース探しで、Ａ男も学級のみんなも落ち着いて取り組めることがわかった。エンカウンター等の活動を中心に、具体的かつ段階的な内容が次々にあがりました。
こうした活動は、Ａ男自身が学級で居場所を見つけ、自尊感情を高めるために有効であるとともに、学級全体にあたたかい雰囲気をつくり、落ち着きを取り戻すためにも有効。一石二鳥の案といえます。

解決のための対応策
・好きなもの・得意なことの紹介
・いいところ探しチャンピオン選手権大会の開催
・今日のスター──班で順番に（帰りの会）
・「いいところ見つけ」
──「〇〇してくれてありがとう」と言う
　　（帰りの会）
　　ガンダムシールをあげる
・サイコロトーキング・すごろくトーキング
・アドジャン　　・クラス会議
・係（一人一役）──自分で考えて決める
　朝の号令係、運動会の応援団
・共同絵画（Ａ男は絵が得意）
・あなたの印象（Ａ男自身が自分のいいところに気がつく）

決　定
・帰りの会：「今日のスター」
・朝の号令係
・１学期の終わり：「あなたの印象」を実施したい
次回　７月９日（金）16:00〜
撮影

【決　定】
決定した内容は、準備は少なくてすみ、無理なく段階的に行える活動内容となっています。
事例報告者が自己決定することで、「これを必ずやる」という宣言にもなります。当人が「やってみたい」と思える内容だからこそ、うまくいく可能性が高いのです。子どもの成功体験とともに教師の成功体験を積む機会をつくることができるのも、BM の醍醐味です。

＊実際の決定場面では、「解決のための対応策」の項目の中から選んだ項目に○をつけますが、ここではわかりやすさを優先して表記しています。

【今日のゴール】
当初は「からかいや冷やかしのないクラス」という否定的なゴール設定でしたが、事例報告者自身が気づき、肯定的で数字目標が入ったゴール設定に変更しました。
周囲がＡ男のいいところに気づくことで、Ａ男の自尊感情を高めると同時に、学級内のトラブルが減少し落ち着きを取り戻すことにもつながります。

モデルケース1　のブリーフミーティングの実際

場　　面　　●学級担任の相談を受けて学年会で実施

メンバー　　●特別支援教育コーディネーター（カタリスト）
　　　　　　●学級担任（事例報告者）　●部活動顧問
　　　　　　●学年団の教員3名　●教頭　●養護教諭

解決志向 ☀
新たな視点 ★
カタリストの介入 ☺

カタリスト 👤　　メンバー 👤　　事例報告者 👤　　のやりとり

カタリストの胸の内

1　ルールの確認

👤　いまからBMを行います。本日のカタリストを務めます○○です。よろしくお願いします。本日の事例報告者は4年1組学級担任の○○先生です。ルールは解決志向で考えることと守秘義務です。なぜこんなことになったかの原因探しではなく、どうやったらうまくいくか、うまくいったときには、どのようなことが起きているか、より具体的な行動レベルで考える、解決志向でお願いします。なお、この会議で知り得た個人情報については守秘義務の対象になります。

> 週1回行っているBMも今日で8回目。参加メンバーも解決志向が身についてきたので、まかせて安心！

2　終了時刻の設定

👤　会議時間は30分間なので、終了時刻は「16時30分」です。

3　事例報告

👤　では、学級担任の○○先生、最初に事例報告を5分でお願いします。いま、一番困っていることから話してください。

👤　今日はクラスのA男さんについて報告します。

👤　A男さんはADHDの診断を受けています。友達とのコミュニケーションがうまく取れないために、クラスの男子と度々トラブルになります。

👤　からかわれると激しく怒り、プリントを破ったり、周りの友達に噛みついたりすることもあります。

👤　それで余計に周りがおもしろがってからかい、A男さん

> 周囲との人的環境調整がキーかな。
> ⇒ゴール要素になるかも。

は泣きじゃくって教室を飛び出してしまいます。

🧑 　先日はそのまま誰にも言わずに学校を飛び出して家に帰っていました。

🧑 　勉強は苦手でとくに字を書くことが嫌いです。手をあげたのに発表ができないときにもからかいがあります。

🧑 　実は最近クラス全体に落ち着きがなくなり、授業が始まっても休み時間のざわざわした空気が残り、授業の開始時刻が守れなくなってきています。

🧑 　また授業中私語があり、私の指示を聞けなかったり無視したりする子どももいます。最近は授業中に勝手に席を立つ子もいます。

🧑 　このような落ち着かない状況が続き、最近A男さんは教室にいることが苦痛になり、欠席が増えてきました。また登校できた日も頭痛や腹痛を訴えて保健室によく行くようになりました。

👤 　それでは時間なので、いったん終わります。言い足りないかもしれませんが、このあとリソース探しのところでまた話してもらうことができるので、安心してください。

> クラス全体へのアプローチが必要だな！
> ⇒これはやはりゴール要素だ。

> 先生の指示を聞けるときってどんなときかな？
> ⇒リソース探しで出なければ介入しよう。

> 登校できるときはどんなときかな？
> ⇒リソース探しで出なければ介入しよう。

4　質問・リソース探し

👤 　それでは、これから質問・リソース探しに移ります。リソースとは、すでにできていることやその人の資源のことです。ここでは、次の「解決のための対応策」のヒントになるような、リソースについて質問があるといいですね。では、どなたからでもどうぞ。

👤 　A男さんはどんな性格ですか？

🧑 　性格は明るく、毎朝大きな声で「おはようございます！」と言って登校してきます。

👤 　好きな教科や得意な教科はありますか？

🧑 　社会と理科と図工が好きです。社会では特に歴史が大好きでよく図書室で歴史に関する本を借りています。図工も得意で作品を制作しているときはすごく集中して取り組んでい

> ☀ 毎回のことだけど、事例報告者への批判やあら探しにならないよう、くれぐれも注意しよう！

> ☀ こんな状況の中でも大きな声であいさつできるのはすごい！
> ⇒リソース要素かな。

ます。

👤 趣味や好きなこと、夢中になれることはありますか？

🧑 パソコンで絵を描くことが好きです。ガンダムとスターウォーズが好きで多くの知識をもっています。

👤 仲のよい子や、好きなお友達はいますか？

🧑 クラスにもう一人ガンダム好きな子がいて、仲よくなれそうな感じです。

👤 学校の中でA男さんが好きな場所や、A男さんが落ち着ける場所はどこですか？

🧑 保健室にいることが多いです。

👤 保健室ではどんな話をしていますか？

🧑 おもに大好きな絵の話をしてくれます。自分のキャラクターも作っているようです。でも自分に自信がなくて、将来に対する不安も抱えているようです。

👤 将来に対する不安って、具体的には？

🧑 うーん、そうですねー……

👤 〔保健室の話題なので〕○○先生（養護教諭）から見ていかがですか？

👤 （養護教諭）勉強がどんどんわからなくなっていくとか、友達とうまく接することができないとかじゃないかと思います。

👤 家族構成を教えてください。

🧑 両親と3歳年下の弟がいます。父親が彼のよき理解者で、よく家で話を聞いてくれているようです。

👤 登校できるとき〔例外〕ってどんなときですか？

🧑 あまり考えたことはなかったのですが……
好きな授業があるとき、実技教科のある日です。

👤 A男さんはいま、どのくらい教室にいることができますか？

🧑 まったく授業に出られないこともあれば、1時間ずーっといられるときもあります。

👤 ずーっといられるとき〔例外〕ってどんなときですか？

🧑 実技教科のときです。じっとしているのが苦手なので。

好きなキャラクターは、シールをごほうびに使えそう！

将来に対する不安ってどんな不安かな？

よき理解者の存在は大きい。

☺ 発表が途切れてきたので、例外を広げる質問をしよう。

★ 「考えたことがなかった」ということは、新しい気づきです。そこに変化を起こすヒントが！

体育や音楽……あと、理科の実験も楽しそうにやっています。

👤 学級全体として私語や席立ちのない授業ってありますか？

🧑 エンカウンターをやっているときはいい雰囲気になります。もちろん、実技教科もですが。

👤 クラスに注意できるような子どもはいますか？

🧑 時間を守るように声かけができる子どもやA男さんの散乱したプリントを拾ってくれる子どもはいます。

👤 それは何人くらいいますか？

10人程度で、クラスの3分の1くらいいます。

👤 他にどんなときに話が聞けていますか？

🧑 友達の発表はよく聞けています。それと私が威圧的な言い方ではなく「〜お願いできないかな♪」と語尾を上げた言い方でいうと素直に聞いてくれます。

> ☀ 課題の周辺にリソースありの例。A男の多動性が技能教科では生かされることがわかってよかった。

> クラスをよくしよう、A男を助けようという存在はありがたいことだ。しかも3分の1も！

> ふだん蓄積データ（139頁）を取っているから、どんな指導が効果的か、先生のメタ認知が効いているな。

5 今日のゴール

👤 それでは、今日のゴールを決めたいと思います。学級担任の○○先生はA男さんにどのような状態になってほしいと思っておられますか？

🧑 A男さんが安心して過ごせるようなクラスになってほしいと思います。

👤 なるほど。A男さんが安心して過ごせるようなクラスにしたいというのが学級担任の○○先生の願いなのですね。「A男さんが安心して過ごせるクラス」というのは具体的にどんな状態になっていればいいと思われますか？

🧑 そうですね。A男さんに対するからかいや冷やかしのないクラスになってほしいと思います。

🧑 ……あっ、BMのゴールは「〜がなくなる」という否定的な言い方ではなくて肯定的に……「〜ができる」って考えるのでしたね。

👤 そうです。もし「〜ができる」とか「〜が増える」というポジティブな表現に言い換えるとしたらどうでしょう？

> 今日のゴールを決められれば、半分は成功。さぁ、どんなゴールをイメージできるかな？

> ☺ 「安心してすごせる」だと漠然としている。もっと具体的な行動レベルを引き出したい。

> ☀ 自分で気づきました。さすが！ 介入せずに待ってみてよかった。

う〜ん。そうですね。「からかいや冷やかしがなくなって」の逆で、それよりもっとポジティブに考えると……そうだ！A男さんのいいところをみんなが一つは言えるようになってほしいと思います。

では今日のゴールは、「みんながA男さんのいいところを一つは言える」でいいですか？

6　解決のための対応策

では、皆さんで「クラスのみんながA男さんのいいところを一つは言えるようになる」ための解決策を出し合いましょう。ここではブレーンストーミングです。質より量です。とにかく変化を起こすための案をできるだけたくさん出してください。いままでにやったことのないこと、考えたこともなかったこと、思いもよらないことなど、大歓迎です。もちろん、他の人のアイデアに自分のアイデアを重ねてもOKです。

A男さんのいいところが伝わるように、好きなものを紹介する活動はどうでしょう。

班の中で毎日順番に「今日のスター」を決めて、帰りの会でその人のいいところを見つけていっぱい伝える。

いいところ探しチャンピオン選手権大会を開催する。

同じく帰りの会で、隣同士で1日の生活をふりかえって相手のいいところを一つ見つけて「○○してくれてありがとう」というのはどうですか？　そうするとみんな相手のいいところを見つけようとするのじゃないかな。

モデルもあるとよいので、先生が最初にA男さんのがんばったことを言ってガンダムシールをあげる。ほかの子の場合は、先生の持っているシールから好きなシールを選ばせてあげる。

いいところを見つけるためにはお互いのことを知ることが大事だから「サイコロトーキング」や「すごろくトーキング」もいいんじゃないかな。

素晴らしいリフレーミング。肯定的な表現に変え、数値目標も含められた。すごい！

ゴールに具体的な数字が入っているとイメージが共通理解しやすいし、数字を変えることで目標が調整できる。

これは小学校の低学年の頃もやっていたのでやりやすい。

子どもは「〜チャンピオン選手権大会」の類は好きだものね。

これは面白い視点。「いいところ見つけ」につながるような「トーキング」のお題を工夫する必要がある。

👤 「アドジャン」だったらもっと準備が簡単だね。

👤 「クラス会議（ありがとう回し）」なんかもいいと思う。

👤 〔発言が止まったのを受けて〕ホワイトボードのこの辺（「自分に自信がない」あたりを指して）にもまだリソースがたくさんありそうですね。

👤 いいところを見つけるには、クラスや人の役に立つことがあると見つけやすいので、自分の得意なことをやる○○係を自分たちで考えて決められるような、一人一役を与える。

👤 大きな声であいさつができるので、号令係が向いているかも。

👤 運動会の応援団もいいと思う。

👤 A男さんは絵が得意だから共同絵画をやってみてもいいかも。

👤 父親にA男さんのいいところを書いてもらって、先生が読み上げ、誰のものかをあてる。「うちの○○ちゃん自慢」。

👤 お互いにいいところが言えるようになったら、「あなたの印象」をやるとA男さん自身が自分のいいところに気がついてうれしくなるんじゃないかな。

☺ 行き詰まったときは、ゴールとリソースに戻って考えると、必ずヒントがある！

★ 自分で決めるって、まさに自我関与。しかも、自分で考えて自分で決める活動は、自律を促進させるのにもってこい。

7　決定

👤 たくさんのことが出ましたが、○○先生この中でぜひやってみようと思うものを選んでください。

👤 たくさん出していただいてありがとうございます。どれもすぐにできそうなのでやってみたいです。まず私がモデルを示します。あとは、とりあえず班で毎日順番に「今日のスター」を決めて帰りの会でその人のいいところを見つけていっぱい伝える、というのをやりたいと思います。声が大きいのでそのよさを生かして、朝の号令係をお願いしてみます。

👤 うまくいかなかった場合には、ここに書かれているものを試してみるのも一つの手かと思います。うまくいっているかどうかの判断には蓄積データ（139頁参照）が使えますね。

👤 うまくいったら、1学期の終わりには「あなたの印象」

☺ 次の行動につながるようにアドバイスしよう。

をやってみたいです。

👤 〔メンバーに向かって〕私たち自身も使えそうなアイデアがたくさん出ましたよね。

8　事例報告者の感想

👤 事例を報告された○○先生、感想をお願いします。

🧑 A男さんに対していままで注意や叱責ばかりしていたことに気がつきました。彼がすでにできていることや得意なことがあるのに、それを見ようとせずにできていないことばかりを指摘していたので、周りの子どもたちもいつの間にかA男さんのことを「困った子」と思っていたのかもしれません。

👤 渦中にいると見えないけれど、こうしてみんなで考えると気づかされることがありますよね。

🧑 A男さんができていることをみんなで楽しみながらやれるというのがとてもいいと思います。

🧑 準備が何もいらなくて、すぐにでもできることなので、明日からさっそくやってみたいと思います。

9　次回開催の確認

👤 次回は7月9日金曜日、16時から行います。

10　撮影（記録）

👤 ホワイトボードはデジカメで撮影して、A男さんにかかわっている先生、スクールカウンセラーにも、あとで記録をお配りしようと思います。

🧑 あの〜、他の学年のクラスでも同じようなことが起きているので、その学級の担任にも渡していいですか？

👤 もちろんです。他にも必要な方がいらしたらお配りします。記録の管理、よろしくお願いします。守秘義務でね。

11　終了のことば

👤 これで今日のBMを終了します。

　何とかしたいとの切なる思いから日々悪戦苦闘していると、注意や叱責が増え、子どもとの関係性まで悪くなってしまうものです。この事例のターニングポイントは、A男だけに焦点を当てた「個」の事例としてとらえるのではなく、「学級集団」の事例ととらえ直しをした点にあります。始まって間もない段階でカタリストは、「周囲との人的環境調整がキーかな」と気づいています。回を重ねることで同僚性も高まり「学級全体が落ち着かない」と言いやすくなります。これもまたBMの魅力の一つと言えます。

（鹿嶋）

【注】文中に出てきた「いいところ探しチャンピオン選手権大会」「今日のスター」「いいところ見つけ」「サイコロトーキング」「すごろくトーキング」「アドジャン」「共同絵画」「あなたの印象」等は、國分康孝先生が開発した「構成的グループエンカウンター」のエクササイズです。詳しくは、関連書籍をお読みいただければと思いますが、ここでは、「アドジャン」と「あなたの印象」を紹介します。

「アドジャン」…数人のグループで、「じゃんけんぽん」の代わりに「アドジャン」と言ってグー・チョキ・パーの他、1・3・4本の指を出し、出した指の数を足して、1の位の数字のトピックについて話す。話し終わったら次の人のためにまた「アドジャン」を行いトピックを決める。

アドジャントーク

① アドジャンで指の数を足して1の位の数字のテーマを話す。
② 話し終わったら「以上です。」と言って、話し終わったことを知らせる。
③ トークは1分以内。一人で時間を使いすぎないように注意する。
④ どうしても抵抗のある（話しにくい）テーマについてはパスを認める。

1の位の数字	トピック
0	心に残るプレゼント
1	心に残る映画・本
2	10年後の自分はきっと…
3	この1年間で嬉しかった出来事
4	今、一番楽しみにしていること
5	好きな言葉
6	タイムマシンで行ってみたい時代と理由
7	自分の元気の源は
8	ありがとうを言うとしたら誰に言う
9	ドラえもんの道具で一番ほしいものは

「あなたの印象」…グループのメンバーから見た自分の印象がわかるエクササイズ。対象となる人物の名前を氏名の欄に書き、グループのメンバーは、「○○さん」の欄に自分の名前を書く。項目1〜15の中から対象人物に当てはまると思うものを三つ選んで○を付け、隣の人に渡す。それをグループ全員が終わるまで繰り返す。

あなたの印象

氏名（　　　　）

	グループの人から見た私の印象に○
	さん　さん　さん　さん　さん
1	何でもできそうな
2	協調性のある
3	包容力のある
4	義理が硬い
5	エネルギッシュな
6	好奇心たっぷりな
7	あたたかい
8	ユーモアがある
9	さわやかな
10	思いやりがある
11	話を聞いてくれそうな
12	誠実な
13	頼りになる
14	人を惹きつける
15	やさしい

不登校傾向の生徒に関する会議

ブリーフミーティング

ルール（解決志向・守秘義務）
終了時刻　16:30
事例報告（5分）
- B子（2年）、テニス部
- 夏休み、部活動2名とのトラブル
  - ➡両者和解
  - ➡しかし、部活動は参加せず
- 2学期、欠席増える
- 学力は低い　考え方は幼い
- 他人には強く出るが傷つきやすい
- 休んだ日……家で1日中携帯　➡携帯依存
- 登校できた日……数人の友達と過ごす
- 生活リズム×……昼夜逆転
- 電話は夜7時頃ならつながる
- 両親は離婚　母、姉（高2）の3人暮らし

質問・リソース探し（10分）
- 部活動での友達（D子：登下校一緒）
- 部活動以外の友達は多い
- いままで……欠席はなし　遅刻は時々
- 登校できた日も部活動は欠席
- 体育委員
- 体育が大好き（特にダンス）
- いまの楽しみ……修学旅行（来月）
- いまの部活動の雰囲気はよい。
- 週に2～3回登校
- 「夕方会いに来て」と学級担任が伝え本人納得
- 登校時は学級担任と相談室で学習
- 学級担任との関係は良好
- 母親には強く出る
- 姉のことは慕っている

今日のゴール
- 毎日学校に来る
  - ↓ゴールメンテナンス
- 修学旅行の事前学習に3回は参加する

【事例報告】
- 夏休み中の部活動での人間関係トラブルがきっかけとなり、以来、部活動を欠席
- 2学級は欠席が増加

【質問・リソース探し】
好きな教科（体育のダンス）、いまの楽しみ（修学旅行）、キーパーソン（信頼している姉、友達のD子さん）、登校できたときのことなど、他方面からのリソースがあがりました。

★手だての視点★
- 勉強は苦手。部活動目的で登校していた。
- 部活動の雰囲気はよいが、現在本人は部活動に参加する意思はないので無理はしない。
- B子の「いまの楽しみ」に着目し、登校意欲につなげる。

【解決のための対応策】 ●------------------------------

・総合（修学旅行）の取り組み……事前に知らせる
　➡その時間を登校できる午後に
・修学旅行の楽しい話をする
・事前指導日程を見せて登校できそうな日を聞く
・修学旅行についてやりたい係を聞く➡レク係
・班の人と調べ学習
・旅程表を見て学級担任とシミュレーション
・自由研修の事前調べを学級担任と行う
・修学旅行の班員の希望を聞く
・D子に家に迎えにいってもらう
・姉から参加を促してもらう
・本人と目標設定
　➡目標達成シート作成（135〜137頁参照）
・オーダー表を使う（138頁参照）

決定 ●------------------------------
・学級担任と一緒に修学旅行の事前学習
・総合学習の時間に参加できるよう声かけ
・旅行中の係の仕事をやってもらう

次回 10月21日（木）16:00〜
撮影

【今日のゴール】
当初は、「毎日学校に来てほしい」という高いゴール設定でしたが、それを最終目標に、はじめの一歩として、当人も楽しみにしている「修学旅行の事前学習に3回は参加する」にゴールを変更

【解決のための対応策】
B子に、修学旅行前の楽しさを味わわせる取り組みや、役割を与えることによって参加意欲につなげる案が、参加者から次々とあがりました。
「本人がいま楽しみにしていること」を具体的にゴールに設定したことで、ブレーンストーミングでも、より具体的・現実的な解決策が出やすくなりました。
「〜する」「〜できる」といった肯定的なゴール設定をすることで、メンバーからは、批判的・否定的な意見は出にくくなり、おのずと解決志向になります。

【決定】
決定した内容は、いずれも、準備は必要なく、すぐにできることなので、子ども本人だけでなく、教師の意欲向上にもつながりました。
会議前までは、「これ以上何をしたらいいのかわからない」という手詰まり感を抱いていた事例報告者（学級担任）にとって、今回のBMは、「こういうところから始めればいいのだ」という一つの突破口になりました。
メンバーにとっては、自分も役に立てたという満足感や同僚性が高まり、「こういう相談なら自分もできる」といった援助希求能力も高まります。

＊留意事項：一般的に、不登校（傾向）の子どもに対する、旅行・行事等の参加を促す取り組みには、十分な配慮が必要。教師の思いが先行してしまい、本人の意思が十分にくみ取られないまま実施された場合は、事態を深刻化させてしまう可能性もある。本当に参加したいのか、現在の本人の意思をしっかり確認し、配慮事項を押さえたうえで実施することが大切。

モデルケース2 のブリーフミーティングの実際

場　　面	●学級担任の相談を受けて校内支援委員会で実施
メンバー	●養護教諭（カタリスト）●学級担任（事例報告者）
	●部活動顧問　●生活指導部（2名）
	●教頭　●特別支援教育コーディネーター

解決志向 ☀
新たな視点 ★
カタリストの介入 ☺

| カタリスト 👤　メンバー 👤　事例報告者 👤　のやりとり | カタリストの胸の内 |

1　ルールの確認

👤　いまからBMを行います。本日のカタリストを務めます○○です。よろしくお願いします。本日の事例報告者は2年A組学級担任の○○先生です。ルールは解決志向で考えることと守秘義務です。なぜこんなことになったかの原因探しではなく、どうやったらうまくいくか、うまくいったときには、どのようなことが起きているか、より具体的な行動レベルで考える、解決志向でお願いします。なお、この会議で知り得た個人情報については守秘義務の対象になります。

> BMも4回目。解決志向のよさに気づいてくれる人が一人でも増えますように。参加メンバーを信じて、さあ、始めよう！

2　終了時刻の設定

👤　会議時間は30分間ですので、終了時刻は16時30分です。

3　事例報告

👤　では、学級担任の○○先生、最初に事例の報告を5分でお願いします。

👤　私のクラスのB子さんについて報告します。B子さんはテニス部に所属しています。夏休みに同じ部活動の他のメンバーとの関係がうまくいかなくなり、部の中で孤立して夏休みの後半から部活動に参加できていません。経緯をテニス部顧問の○○先生からお願いします。

👤　（部活動顧問）B子さんはテニスを楽しんでいましたが、練習に遅れるなどルーズな一面もありました。試合に勝つこ

> 部活でのトラブルは解決したようだ。けれどそれをきっかけに、最近になって、欠席が増えてきたんだな。本格的な不登校になる前のいまの段階が大事！

とに重きをおく生徒2名から、夏休みの練習中に「やる気が
ない」と言われ、B子さんは練習の途中で帰ってしまいまし
た。私は両者から話を聞き、2人は言い過ぎたことを反省し、
B子さんも遅刻や練習中の悪ふざけを反省していると言い、
両者は和解しました。しかし、それからB子さんは部活動に
来なくなりました。

いままで、部活動目当てに学校に来ていたところがあり、
部活動に出なくなってから欠席が増えてきたので、このまま
ズルズルと不登校になっては……と心配しています。

B子さんは、学力は低く、考え方に幼い部分があります。
他人には強く出ることもありますが、打たれ弱く、傷つきや
すい一面があります。

休んだ日は家で1日中携帯をいじっていて、携帯依存に
なっているような状態です。

登校できた日は、数人の友達と一緒に過ごせています。

生活リズムが崩れていて、夕方に起きて朝に寝るという
昼夜逆転の生活です。夜7時に電話をするとたいていつなが
ります。

家族構成は、両親は3年前に離婚し、現在、母、姉
（高校2年）の3人暮らしです。

それでは時間なので、いったん終わります。言い足りな
いかもしれませんが、このあとリソース探しのところでまた
話してもらうことができるので、安心してください。

> 携帯で何をやってい
> るのか。

> 一緒に過ごせる友達
> がいてよかった。

> 夜なら電話はつなが
> るんだ。よかった。

4 質問・リソース探し

これから質問・リソース探しに移ります。リソースとは、
すでにできていることやその人の資源のことです。ここでは、
次の「解決のための対応策」のヒントになるような、リソー
スについて質問があるといいですね。では、どなたからでも
どうぞ。

テニス部では、仲のよい友達はいますか？

D子さんとは小学校からの仲よしで、一緒にテニス部に

> ☀ 毎回のことだ
> けど、事例報
> 告者への批判やあら
> 探しにならないよう、
> くれぐれも注意しよ
> う！

入りました。いまは隣のクラスで、朝から学校に来られるときは、一緒に登校しています。

👤 テニス部以外にも友達はいますか？

👤 はい。友達は多いほうです。

👤 いままで遅刻や欠席はありませんでしたか？

👤 欠席はありませんが、遅刻は時々ありました。

👤 いまは登校できた日には、テニス部の練習には行っていますか？

👤 テニス部顧問の○○先生、いかがですか？

👤 （部活動顧問）夏休みの出来事以来、練習には一度も出ていません。「1回出てみたら？　みんな待ってるよ」と言いましたが、「う〜ん」という鈍い返事でした。

👤 私も本人に聞いてみましたが、いまはまだ、部活動には出たくないと言っていました。

👤 いまは部活動の雰囲気はどんな感じですか？

👤 （部活動顧問）B子さんのことがあって部活動内でミーティングを開き、私は「試合に勝つことだけを目標にするのではなく、まず友情を大切にしてほしい」と部員に伝えました。みんなそれには納得してくれたと思います。部の雰囲気はいいですし、B子さんの受け入れ体制もできています。

👤 クラスで何か係はやっていますか？

👤 体育係をやっています。

👤 好きな教科や得意な教科はありますか。

👤 体育が大好きです。特にダンスの授業を楽しみにしています。

👤 いま楽しみにしていることは？

👤 来月予定されている修学旅行です。

👤 いまの登校のペースはどれくらいですか？

👤 週に2〜3回登校しています。私が「夕方会いに来て」と伝えると15時以降に登校するようになりました。来たときは私と相談室で学習しています。

👤 （学級担任の）先生との関係はどうですか？

> D子さんがキーパーソンになるかも。

> 部活動以外の友達がいるのはいいね〜。

> 部活動の雰囲気はよさそうでよかった。でも、部活に復帰するには、まだ時間がかかるかもしれないな。あせりは禁物。

> ダンスの授業はいつから始まるのかな？

> よい質問だな！

> グッドタイミング！修学旅行は、本人が行きたいんだ。⇒ゴールになるかも。

🧑 うまくいっているほうだと思います。

⬛ 家族仲はどのような感じですか?

🧑 母親には強く出て、言うことはあまり聞かないようですが、姉のことは信頼して相談もしているようです。別居している父とは、たまに会っている程度のようです。

姉がキーパーソンになるかも。

携帯の話題は出なかったけれど、時間だし、よい観点がたくさん出たので次に進めよう。

5 今日のゴール

🧑 それでは、今日のゴールを決めたいと思います。学級担任の○○先生はB子さんにどのような状態になってほしいと思っておられますか?

🧑 とにかく毎日学校に来てほしいです。

🧑 そうですね。毎日来られるようになったら、すごくいいですよね。でも毎日登校できるようになるためのはじめの一歩を考えてみませんか? ちょっとがんばればできそうなことを。

🧑 修学旅行を楽しみにしているので、ちょっとプッシュすれば修学旅行に参加できると思うので……。

🧑 なるほど。修学旅行に参加するためのプッシュをしたら、B子さんはどのようなことをしているでしょうね?

🧑 修学旅行の事前学習に参加していると思います。

🧑 確かに。では、まずは、「修学旅行の事前学習に参加する」で考えてみましょう。できれば何回とか数字を入れるとより具体的になりますが、何回くらいなら参加できそうですか?

🧑 3回か4回くらいでしょうか。

🧑 では、「修学旅行の事前学習に3回は参加する」にしましょう。

☺ 気持ちはわかる。けれどハードルが高すぎ。もっと具体的な表現にしたいな。それに、教師の願いだけになってしまっていないかな。

☀ 本人が楽しみにしていることをゴールにするのはGood！でもまだゴールが高いかな。

これならうまくいきそう。

6 解決のための対応策

🧑 では、皆さんでB子さんが修学旅行の事前学習に3回は参加するための解決策を出し合いましょう。ここでは、ブレーンストーミングです。 質より量です。とにかく変化を

起こすための案をできるだけたくさん出してください。いままでにやったことのないこと、考えたこともなかったこと、思いもよらないことなど、大歓迎です。もちろん、ほかの人のアイデアに自分のアイデアを重ねても OK です。

👤 総合的な学習の時間で、修学旅行の取り組みをやるときは事前に知らせておいて参加を促す。

👤 その時間を本人が登校できる午後に入れる。

👤 修学旅行の楽しい話をたくさんする。

👤 修学旅行の事前指導のスケジュールを見ながら、本人に来られそうな日を聞いてみる。

👤 修学旅行のどんな係をやりたいか聞いてみる。

👤 同じ班の人と一緒に調べ学習をしてみる。

👤 修学旅行の係の何かを本人に任せてみては？

👤 レクリエーション係がいいんじゃない？

👤 修学旅行の旅程表を見て、学級担任とシミュレーションしてみる。

👤 京都での自由研修の事前調べを学級担任と一緒に旅行雑誌を見ながらやってみたら？

👤 修学旅行の班は誰と一緒がいいか聞いてみる。

👤 事前学習のある日は、登下校が一緒のD子さんに迎えに行ってもらっては？

👤 本人が信頼している姉から、参加を促してもらう。

👤 「修学旅行に参加する」を目標に自分でそれに向けての「目標達成シート」や、そのための「オーダー表」を作成する。

7 決定

👤 たくさんのことが出ましたが、○○先生この中でぜひやってみようと思うものを選んでください。

🧍 どれも楽しそうなので全部やってみたいですが、とりあえず私と一緒に修学旅行の事前学習をしておいて、それから事前指導のスケジュールを見ながら、本人に来られそうな日

💬 ○○先生、初めて自分の意見が言えてよかった。

🔅 批判的・否定的な内容がまったく出ない。参加者も解決志向に慣れてきたみたい。

💬 修学旅行の準備の話がたくさん出たな。その他のリソースも生かす案はないかな？

💬 具体的な解決策がたくさん上がってよかった。

💬 「目標達成シート」(135～137頁) や「オーダー表」(138頁) も共通言語として浸透してきてよかった。

を聞いてみます。そのとき、「目標達成シート」や「オーダー表」も活用できればなぁ〜と思います。実際にはどのように使えばいいのか教えてください。それと、ぜひ旅行中の係の仕事も友達と一緒にやってほしいですね。

8　事例報告者の感想

👤　事例を報告された○○先生、今日の BM はいかがでしたか？

👤　これまでもいろいろとやってきたので、もうこれ以上何をやったらいいのかわからなかったけど、皆さんからたくさんのヒントをいただけてよかったです。ありがとうございました。

👤　本人が参加したいと思っている修学旅行に向けてのアイデアをたくさんいただけたのでよかったです。すぐにでもできそうなことが多かったけれど、ぜひこのチャンスに「目標達成シート」や「オーダー表」も活用できるようになりたいと思いました。まだやっていませんが、なんだか引き出しが増えた感じがします。

9　次回開催の確認

👤　次回は 1 ヵ月後の10月21日木曜日、16時から行います。

10　撮影（記録）

👤　では、最後に記録をデジカメで撮影してください。

11　終了のことば

👤　これで今日の BM を終了します。

事例報告のときに比べて、明るい表情になってよかった〜！やれそうなことがたくさん選べたうえに、新たに目標達成シートやオーダー表も活用してみたいと自ら思ったことはすごい。

☀ そこが BM の醍醐味！同僚性も高まったみたい。

これでまたたくさんの引き出しが増えた！参加メンバーの力を信じてよかった。

　本人の楽しみにしていること（修学旅行）を知ることで、解決像に向けた対応策がより具体的になり、参加者の誰もがすでに未来へとワープしているように感じることのできるBMでした。「（修学旅行に参加できるよう）声をかけます」「様子を見守ります」のような抽象的で何をどのようにすればいいのかわからない対応策では、これまでの会議と何ら変わりありません。

　準備しなくてもすぐに取り組めるものばかりではなく、この機会に「目標達成シート」や「オーダー表」を知り、新たなチャレンジとして活用してみたくなったこの事例からも、BMが教師の自己教育力を向上させるきっかけになっていることがわかります。

（鹿嶋）

Column 2

誰もが育つブリーフミーティング
～カタリスト体験談を通して～

　私は研修会の参加を重ね、ブリーフミーティングのカタリストや書記、また研修の講師としても経験させていただきました。実際に行ってみて、カタリストは、「ゴール」をどのように設定するのかがとても重要であると思いました。そのためには、参加者が解決志向で「質問・リソース探し」ができているかどうかが問われます。

　これは教育相談研修会の講師を務めたとき、先生方から実践的なことが学びたいとの希望が多くあったので、急遽内容をブリーフミーティングに変え、私がカタリストを務めたときのことです。

　ゴールを設定したあとの対応策があまり出てきませんでした。私の中では失敗したという思いで先生方に申し訳ない気持ちでいっぱいになりました。しかし、ふりかえりのときに、参加者の先生方がそこから自ら学ばれ、たくさんの温かいアドバイスをいただきました。

　共通意見として、リソース探しの段階で、質問が解決志向になっていなかったことがあげられました。事例の状況を把握するための質問が多く、リソース探しにつながらなかったのです。

　「質問・リソース探し」の段階で、解決志向に基づいたリソース探しのための質問をしないと、その後のブレーンストーミングで、解決のための対応策のアイデアの発想を鈍らせてしまうということだったのです。解決志向のものの見方による質問が出るようにいかに促せるか、ということがカタリストとして必要なスキルの一つだと強く感じました。

（福住）

いじめに関する会議
事例報告者の課題意識が希薄なケース

場　　面　　D子・E子（中2）の個人間におけるSNS上のトラブルに関し、被害生徒D子の父が謝罪を要求してきたことを受け、学年会でBMを実施。学級担任にはいじめ問題という認識はなく、生徒指導担当からBMで事例報告してほしいと依頼され、仕方なく参加。

メンバー　　生徒指導主事（カタリスト）、学級担任（事例報告者）、2年生の学年団（担任2名、副担任2名）、養護教諭。全7名。

ブリーフミーティング

ルール（解決志向・守秘義務）

終了時刻　11時40分

事例報告（5分）
D子・E子（中2）
・個人間のいじめ
・SNSでのトラブル
・D子の父が謝罪を要求
・D子人間関係×
・D子⇒E子ネットに書き込む
・E子⇒D子　反撃
・D子の父は学校に不満

質問・リソース探し（10分）
Q：E子の保護者の様子は？
　E子の保護者……学校に関心なし
Q：進路についての希望は？
　進路希望……特になし
Q：クラスでのD子の存在は？
　友達いない。一人ぼっち
Q：D子の父は何に対して不満？
　「E子のいじめはひどい。いまから学校に行く」
　学校⇒D子から仕かけたと説明
　D子⇒認める⇒形式的謝罪
　父⇒納得いかない

今日のゴール
2人の関係を修復する
↓　ゴールメンテナンス
顔を会わせたときにあいさつできる

解決のための対応策
・話しやすい先生は誰か聞く
・D子の思いをしっかり聴く
・2人が直接話し合う
・すべて話す
・しこりを残さない
・2人に何を望んでいるか聞く
・進路の目標……マンダラチャート

決　定
・2人に何を望んでいるかを聞く
・直接話し合う場を設定

次　回
10月14日（水）11：00～

撮　影

ココが惜しい！　「形式的な情報しかあがってこない」

D子の保護者からの連絡を受け、すぐにBMを開いたことはGoodです。ただ残念だったのは、事例報告者（担任）に課題意識がなかったことです。事例報告は形式的に状況報告したにすぎず、情報が足りていません。また、「何が一番の課題で、どうなってほしいのか」という意識を、事例報告者がもっていないため、課題が焦点化されないままBMが進行しています。せっかくのゴールメンテナンスも有効には機能していません。

事例報告者が消極的な場合
課題と改善&予防策

1　この会議の難しかったところ

　BM の中で特に手ごわいのが、「事例報告者（今回は学級担任）の課題意識がない」場合です。今回の事例のようなケースのほか、例えば輪番で事例報告をする学校などでは、こうしたケースが多くなります。「担当者に課題意識がないから仕方ない」ではなく、「この状況の中でもできることは何か」について、一緒に考えていきましょう。

2　カタリストの介入ポイント

①課題意識のある人の出番を増やす

　BM では課題意識が非常に重要です。課題意識が希薄な人が事例報告者になってしまった場合は、カタリストは、メンバーの中から課題意識のある人の出番を増やしましょう。

②課題解決に優先順位をつける

　事例報告者に「何が一番の課題で、どうなってほしいのか」という意識がない場合は、カタリストがそれを引き出すか、メンバー全員で考えます。

3　もしも事例報告者の課題意識が希薄だったら（改善策）

　事例報告者からゴールが引き出せない場合、カタリストはどの課題に焦点を当てると事例が動くか考えます。今回の場合、考えられる課題として、「いじめ」、「SNS でのトラブル」、「D 子の父の学校への不満」です。「この中で何が一番の課題だと思いますか？」と促す際、課題に優先順位をつけて焦点化します。仮に、①「D 子の父の学校への不満」、②「SNS でのトラブル」、③「いじめ」とします。

　次に①「D 子の父の学校への不満」が軽減されたらどんなことが起きているかイメージします（ここからが解決志向のすごいところです）。すると、今回のいじめの全容が解明され、D 子の父が学校の対応に理解を示している姿が想像できます。そのとき発せられる D 子の父の言葉は「丁寧に対応していただき、ありがとうございました。これからもよろしくお願いします」といった感じでしょうか。あとは、その言葉を聞くには何をすればいいか考えれば OK です。実は課題②、③に焦点を当てても、解決像のイメージは同じになります。あとは、そのためのスモールステップを考えて、今日のゴールを設定すればよいわけです。

4　次回へのヒント（予防策）

　BM を成功に導くための第一条件は、「課題意識のある人が事例報告者になること」です。今回の場合、学級担任の次の適任者は、学校に対する D 子の父の不満（切なる思い）に耳を傾けながら聴いた「D 子の父と直接話した人」になるでしょう。

　「立場上では事例報告者になる人」に課題意識がないのではと感じた場合は、「今回の事例報告者は、状況を把握されている○○先生にお願いしたいと思いますが、いかがですか？」と伺いを立てて、課題意識のある人に事例報告を依頼しましょう。その際、事前にメンバーが手分けして情報を収集し、補足できるようにしておくことも大切です。　　　　　（鹿嶋）

生徒指導や学級経営に関する会議
リソースが見つからないケース

場　　面　高校2年F組は、生徒たちのエスケープや服装違反など生徒指導的な課題が山積し、多くの授業が成立しない状態にある。学級全体の課題について生徒指導委員会（生活指導部会）でBMを行った。

メンバー　養護教諭（カタリスト）、特別支援教育コーディネーター（事例報告者）、
　　　　　2年生の学年団（担任4名、副担任3名）、生徒指導主任。全10名。

ブリーフミーティング

ルール
（解決志向・守秘義務）

終了時刻　11：40

事例報告（5分）
高校2年F組
男18女17　計35名
・担任との関係
　⇒反抗×
　（1年から）
　40代の女性
・授業成立しない
・指示×
　⇒好き勝手する
・私語
・授業遅れる
・ピアス・服装違反
・保育実習
　⇒ピアスはずす
・遅刻常習化
・朝⇒全員が揃うことなし

質問・リソース探し（10分）
Q：副担任はどんな先生？
　体育　男性　20代
Q：担任以外の授業の様子は？
　同じ
　実技や実習の授業……○
Q：反抗しない授業はある？
　勝手な行動を見逃してくれる授業
Q：欠席者はいる？
　欠席なし。学校大好き
Q：行事への取り組みはできますか？
　文化祭……役割こなす・盛り上がる
Q：生徒の好きな場所は？
　保健室によく行く
Q：どんなタイプの生徒が多い？
　人懐っこい生徒

今日のゴール
週に3日2時間目の授業に全員が参加

解決のための対応策
・ピアス……スルー
・全員が揃った授業……シール
・クリスマス……保育園で読み聞かせ
・朝学活……絵本の読み聞かせの練習
・本はビブリオバトルで決定
・朝学活・授業の出欠は生徒が行う

決定
・ピアスはスルー
・絵本の読み聞かせの練習

次回
10月20日（水）11:00〜

撮影

ココが惜しい！　「リソースがスルーされている」

生徒と関係がよい養護教諭がカタリストを、生徒の教育的ニーズを把握している特別支援教育コーディネーターが事例報告者の役割を担い、適材適所の分担がされてGoodです。惜しかったのは、リソースにつながる情報をスルーしてしまったことです（次頁参照）。結果、さらなるリソースが引き出せず、対応策を出し合うブレーンストーミングに勢いがなくなってしまいました。

問題が山積で解決志向になれない場合
課題と改善&予防策

1　この会議の難しかったところ

　一見、課題だらけの事例報告の中に、「日常的にはピアスはや服装違反はあるものの、保育実習となると誰かに言われなくてもピアスをはずす」といった進路につながるリソースがありましたが、そこに詳しく突っ込んだ質問をして、対応策に生かせるリソースをさらに引き出すことができませんでした。BMに慣れないうちは、リソースとなる情報に気づき、それを生かすことは、意外と難しいものです。「生徒たちは何が好きか」「何ならば真剣に向き合って取り組むことができるのか」、リソースを見抜くための視点を一緒に考えていきましょう。

2　カタリストの介入ポイント

①すでにあるリソースをひとひねりしてとらえる

　リソースに良い悪いはありません。要はそれをどうとらえ、どのように生かすかです。例えば、事例報告にある「指示は通らず、好き勝手なことをする」というのもリソースで、「人から言われたことではなく、自分の好きなことならば人に言われなくても自ら行動する」と言いかえることができます。しかし、つい情報をジャッジしてしまうのが教師の癖です。慣れないうちは、すでにあるリソースをひとひねりしてとらえ直してみましょう。これが身になじむと、どんな生徒のどんなリソースでも「使える！」と思えるようになるから不思議です。カタリストは、「課題の周辺にリソースあり」「ものは使おう」と発想を転換することが大切です。メンバーに対しても、「『好き勝手なことをする』ということは、『好きなことならば誰かに言われなくても自ら行動する』ということですね」と言葉にしてみるといいでしょう。

②解決策に生かせるリソースを掘り下げる

　教室ではいくら注意してもはずさなかったピアスも、いざ保育実習になると自らはずすというのは「例外」です。この例外を例外でなくすればOKということです。保育実習つながりの質問をして、さらなる例外を探すべく情報を掘り下げていくと、解決策がもっとたくさん出されることでしょう。カタリストは「保育実習ではきっと、教室では見せない姿を見せてくれることでしょう。ほかにどのようなことがありましたか？」と切り込んでみましょう。

3　もしもリソースが引き出せないと感じたら（改善策）

　できていないことではなく、できていること、好きなこと、得意なところに注目します。次に、うまくいっている場面についてさらに詳しく質問して、「成功の責任追及」を行い、うまくいっていることをほかの場面でも利用できないか考えます。そして何よりも、生徒たちの願いや進路に対する希望を聞き出します。この流れこそ、BMの基本となる解決志向アプローチです。

4　次回へのヒント（予防策）

　リソースを引き出す質問がどんどん出るよう、ときにはカタリスト自らがモデルとなる質問をします。そして、出されたリソースをいかに活用するか、「ものは使おう」の発想の転換・思考の柔軟性をもって、次回のBMにのぞみましょう。

(鹿嶋)

不登校に関する会議①
ゴールを絞り込めないケース

場　　面　　G男（中3）の不登校について、学級担任から学年会での話し合いを要請。
教育支援センターに通い始めたが、毎日通うにはいたっておらず、次の一
手をどうしたらいいのか悩んでいる。

メンバー　　学年主任（カタリスト）、学級担任（事例報告者）、学年団（4名）、養護教諭。
全7名。

ブリーフ ミーティング

ルール
（解決志向・守秘義務）

終了時刻　16:40
事例報告（5分）
G男（中3）
・2年2学期の合唱
　コンクールから休
　む
・友達⇒SNSで様
　子聞く
・グループLINE
　に「不登校だから
　退会させて」と
・3年……連続欠席
・部活動（サッカー）
　⇒出たい
・両親との関係×
・進路希望なし

質問・リソース探し（10分）
Q：学校以外に相談している
　場所は？
　教育支援センターに見学
　午前は教育支援センター、
　午後は学校の計画
　⇒守れず
Q：家での様子は？
　昼夜逆転
　親と口論になり手が出る
Q：どんな性格？
　努力が苦手
Q：話のできる教員は？
　サッカーの顧問

今日のゴール
・午前中、教育支援センター
　⇒午後の授業⇒部活動
・合唱コンクールに参加
・修学旅行に行く

解決のための対応策
・コンクールに向けて進
　路選択肢を提示
　（通信・単位・専門学
　校）

決　定
関係者で共通理解

次　回
11月12日（金）16:10〜

撮　影

ココが惜しい！ 「ゴールに複数の項目が上がる」

学年会では、児童生徒についての基本的な情報がメンバー間ですでに共有されているため、
事例報告がスムーズで、解決像についても共通イメージをもちやすくなるのがメリットです。
惜しかったのは、事例報告者から出された複数のゴールを一つに絞り込まずに、ブレーンス
トーミングへと進んでしまったことです。これにより、メンバーの思考が拡散して、有効な
対応策が出てきませんでした。

事例報告者の願いがたくさんある場合

課題と改善＆予防策

1　この会議の難しかったところ

　ゴール設定は BM の山場です。これがうまくできれば、次のブレーンストーミングでは対応策がどんどん出てきます。今回のように BM を学年会で行う場合は、特に発言しやすい雰囲気があり、メンバーは思いついたことを自由に発言できます。ただし、流れに乗って、事例報告者が「あれもできたら」「これもできたら」と、思いのままに複数のゴールを提案してしまうことがあります。ここでゴールを絞り込まないままにブレーンストーミングに入ると、メンバーの思考がまとまらず、具体的な対応策がほとんど出てこない事態になってしまいます。ゴールを一つに絞り込むにはどうしたらよいか、一緒に考えていきましょう。

2　カタリストの介入ポイント

①ゴール設定のプロセス1：スモールステップで考える

　ゴールを設定する際は、まず事例報告者の思いを聞きます。このとき、カタリストは「どうなってほしい」という思いをそのままゴールとして取り上げるのではなく、「いつまでに、これくらいならできそう」と思えるような具体的なレベルにゴールを導いていきます。つまり、スモールステップで考えることが大切です。

②ゴール設定のプロセス2：ゴールの時期を確認する

　本事例では、事例報告者から複数の「こうなってほしい姿」が出されましたが、合唱コンクール、修学旅行など、時期はバラバラです。そこで、カタリストは事例報告者に対して「それはいつ達成できるか」を確認していきます。達成時期を確認するだけで、事例報告者は、自分が提案したゴール候補がどのような順序で達成されていくかを自然にイメージすることができ、実現可能なものにするために、ほかにもどんなステップが必要かを考えるようになります。このように「ゴールの時期」を具体的に考えることで、「いつ、どこで、どんなことができるようになっているか」が明確になり、「何をゴールにすればよいか」が見えてきます。

3　もしもゴールに複数の項目があがってしまったら（改善策）

　本事例では、ゴール候補が三つ提示されました。①午前中は教育支援センターに行き、午後は登校して授業を受け、放課後は部活動に参加するという生活リズムを身につける、②合唱コンクールに参加する、③修学旅行に行く。これを一つに絞り込む方法は二つあります。一つは、いまの G 男くんだったらどのゴールならうまくいきそうかをメンバーで考える方法です。もう一つは G 男くん自身に選んでもらう（または一緒に考えてもらう）方法です。

4　次回へのヒント（予防策）

　「ゴールは期限を設定し具体的なものを一つだけ」が鉄則です。事例報告者の思いを大事にしながら「少し頑張れば達成できそうなものはどれか」という視点で、絞り込んでいきましょう。

（鹿嶋）

事例 4 不登校に関する会議②
ゴールが抽象的なケース

場　面　不登校傾向のH男（中2）のケースについて、不登校支援委員会で話し合ってほしいと担任が要請。BM当日、担任は急用が入り不在。学年主任が事例報告を行った。

メンバー　生徒指導主事（カタリスト）、学年主任（事例報告者）、管理職、養護教諭、スクールカウンセラー。全5名。

ブリーフ ミーティング

ルール（解決志向・守秘義務）

終了時刻　11：40

事例報告（5分）
H男（中2）
・夏休み明け⇒朝起きられない
・進路をめぐり母親と口論その後母子関係不安定
・それまで母子関係○ べったり
・成績⇒中の上
・すぐに保健室へ
・1～2日／Week 登校
・友達と一緒なら登校できる
・通学時間 ⇒徒歩15分
・陸上部退部⇒未練なし

質問・リソース探し（10分）
Q：習い事は？
　塾。小学校でも進学塾に ⇒よくさぼる⇒やめた
Q：兄弟は？
　兄（国立大学1年）
Q：家族の思いは？
　親は高学歴⇒本人への期待大
　いまは勉強の話はしない
　母親……「生きていてくれれば」
Q：それに対する本人の思いは？
　実力以上の進路先を希望するが、自分がどうしたいかがない
Q：本人の好きなことは？
　話をすること。好きなバンドのこと
　会話が一方向
Q：何かクセはある？
　1学期……独り言

今日のゴール
・自分のストーリーを新しくつくる （やり直す）
　それを母が支え認める

解決のための対応策
・教育相談担当に母親が相談 ⇒母親の意識を変える
・担任の空き時間に母親に紹介
・本人をSCにつなぐ
・本人⇒母親が連れてくる
・学年の先生が関わる ⇒火曜

決　定
・母親を教育相談担当につなぐ
・本人をSCにつなぐ

次　回
9月30日（木）11：10～

撮　影

ココが惜しい！ 「漠然としたイメージになっている」

本事例のように学年主任などが事例報告者になる場合、ケースを客観的にみることができるため、課題意識がより明確になるメリットがあります。デメリットは、生徒や学級の普段の様子について、細かい状況まではわからないことです。そのため、こんな姿になってほしいという小さな変化が思い描けず、ゴールが抽象的な姿になり、具体的な対応策が思い浮かばない展開になってしまいました。

ゴールが抽象的な場合

課題と改善＆予防策

1　この会議の難しかったところ

　BMでは、事例報告者の解決したい（小さな変化を起こす）ことを明らかにし、「こんな姿になってほしい」という具体的なゴールをイメージできるようになることをめざしています。しかし本事例では事例報告者がピンチヒッターであったために、生徒の普段の詳しい様子まではわからず、具体性に乏しいゴール設定となってしまいました。「自分のストーリーを新しくつくる」というゴールは、イメージとしては理解できるものの、そこから具体的な状態像が見えません。抽象的なゴールから脱却するにはどうすればよいか、一緒に考えていきましょう。

2　カタリストの介入ポイント

①ゴール設定のプロセス1：変化が起こったときの姿をみんなが想像できる

　今日のゴールとは、言いかえると「小さな変化」です。「いつかはこうなってくれれば」という遠い先の到達点ではなく、到達点にたどりつくまでの通過点、はじめの一歩です。メンバー全員が、「それが達成されたときにどうなっているか」という具体的な姿を思い浮かべることができ、その中から「それくらいならできそう」と納得し、変化の状況が想像できるものを、今日のゴールとして設定することが大切です。

②ゴール設定のプロセス2：スモールステップで具体的な数値を入れる

　具体的な変化の状況が想像できたら、次に「○○がいつどれくらい（回数や時間）できる」という行動レベル（きっとできると思える内容）を考えます。これは、子どもたちに得てほしい「できた・うまくいった」という成功体験でもあります。今日のゴールに数字を入れると、誰もがその変化に向かってアプローチしやすいうえ、変化が起きたときに、子どもにプラスの言葉かけをすることができます。例えば、「座っていられる時間が5分から8分に伸びた」などです。また、数値を入れかえることで、ゴールメンテナンスが容易になります。カタリストは、メンバー全員が変化を評価できるように、ゴール設定に介入します。

3　もしもゴール設定が抽象的になってしまったら（改善策）

　抽象的なゴールが出されたとき、流れを変えるカタリストの一言は、今回の場合でいうと、「『自分のストーリーを新しくつくる』とは、具体的にまず彼がどういうことができるようになればいいと思いますか？」です。この介入により、メンバーはもう一度ホワイトボードを見つめて、この生徒のリソース（すでにできていることや力になってくれそうな人物や事柄）を探し始め、そこから変化を起こしやすいのはどの場面かを見つけます。あとは具体的にどのような変化が、いつどのくらい（頻度）起きればいいのかをメンバーで話し合います。

4　次回へのヒント（予防策）

　「BMの山場はゴール設定」と肝に銘じ、ゴールに抽象的な内容があげられた場合、カタリストは、達成されたときの状況をメンバー全員がイメージでき、達成できたかどうかが検証できるように「それが具体的に目で見える行動レベルになるとどうなりますか？」と介入します。

（鹿嶋）

落ち着きのない児童に関する会議
ゴールメンテナンスがうまくいかないケース

場　　面　授業中の立ち歩きや、暴言やいたずら行為のある I 男（小 5）について、放課後、校内委員会で話し合った。

メンバー　特別支援教育コーディネーター（カタリスト）、学級担任（事例報告者）、学年団（3 名）、管理職、養護教諭、スクールカウンセラー、スクールソーシャルワーカー。全 9 名。

ブリーフミーティング

ルール
（解決志向・守秘義務）
終了時刻　16：30
事例報告（5 分）
I 男（小 5）
・授業中…席に座らない
・落ち着きない
・奇声
・寝る
　⇒注意すると暴言
・1 学期○
・2 学期⇒筆記用具持って来ない
・毎日遅刻（1 時間目の途中）
・教室のあちこちに油性ペンで落書き

質問・リソース探し（10 分）
Q：学力は？
　中の下
Q：きょうだいは？
　姉（中 2）兄（小 6）
Q：好きなことは？
　サッカー、少年サッカー入部、運動能力高
Q：友達は？
　多い
Q：コミュニケーション力は？
　しゃべり始めると止まらない
　友達への思いやりはある
Q：苦手なことは？
　準備や後片付け
　学校の決まりやルール⇒反抗的

今日のゴール
本人の明るさ・やさしさが出る
➡ゴールメンテナンス
授業で発言ができる

解決のための対応策
・専門家によるアセスメント
・話を聞いているので待ってみる
・いまの状況を本人に気づかせる
・ほめる
・ルールをていねいに話す
・学級担任がたくさん話しかける
・家での様子を聞く（SSW）
・友達の○○くんに授業の前に声をかけてもらう

決　定
・ほめる
・学級担任がたくさん話しかける
・家での様子を聞く

次　回
11 月 12 日（金）16：00～
撮　影

ココが惜しい！　「ゴールに数値目標が入っていない」

本事例では、「本人の明るさ・やさしさが出る」という最初のゴールでは、対応策が出にくかったために、カタリストの介入でゴール設定に戻り、ゴールメンテナンスを行ったことは Good です。惜しかったのは、新しいゴールに、時間、回数、頻度などの具体的な数値が入らなかったことです。数値目標があると、さらに具体的な対応策がたくさん出されることが期待できます。

ゴールメンテナンスが必要な場合
課題と改善&予防策

1　この会議の難しかったところ

　ゴールの見直し（ゴールメンテナンス）には、今日のゴールを設定する段階で、事例報告者が提案したゴールを見直すパターンもあれば、対応策のブレーンストーミングに入ってから、ゴール設定に戻って見直すパターンもあります。BMでメンバーからなかなか具体的な対応策が出てこない場合は、ゴール設定がしっくりいっていないことが多いものです。その場合はゴールの見直しが大切ですが、見直し方にもコツがあります。ここでは、カタリストの腕の見せどころである**ゴールメンテナンスの仕方**について一緒に考えていきましょう。

2　カタリストの介入ポイント

　ゴールメンテナンスの必要性は、①スモールステップにする必要があるか、②内容を明確化する必要があるか、③数値を入れてより具体的にする必要があるか、の三つで判断します。

①ゴールメンテナンスのステップ1：カタリストの一言でゴールを明確に！

　本事例では、本人のリソースを活用して「本人の明るさ・やさしさが出る」というゴールが最初に設定されています。しかし、このゴールでは、「本人の明るさ・やさしさが出る」行動とはどんな行動なのかが、メンバーに具体的にイメージできません。この場合、ゴールを明確にするためのカタリストの介入の切り札は、「彼の本来の明るさややさしさが発揮できると、どんなことが起きると思いますか？」の一言です。すると、それまでモヤっとしていた頭の中が、突然霧が晴れたように子どもがそうなっている姿が浮かんできます。

②ゴールメンテナンスのステップ2：具体的な数値を入れる

　①の介入で子どもの姿を具体的にイメージできたら、次はそれがどれくらいできるようになればいいかを考えます。「授業で発言ができる」というゴールの場合、「何の授業だと発言できそうですか？」「どんなときに発言できそうですか？」と場面を具体的に絞り込み、「毎時間ですか？」「何回くらいですか？」と回数や頻度を数値で設定します。

3　もしもゴールメンテナンスが必要になったら（改善策）

　もしもBMのブレーンストーミングでメンバーから具体的な対応策が出てこなかったら、ゴールの設定がうまくいっていない可能性が高いということです。ゴールまでの距離が遠すぎないか、ゴールが抽象的でイメージを明確に描けないのではないか……などと考え、カタリストは勇気をもって、「もう一度ゴールを見直してみましょうか？」とゴールメンテナンスを促す介入を行いましょう。

4　次回へのヒント（予防策）

　ゴール設定の基本は、①スモールステップになっている、②内容が明確になっている、③具体的になっている（行動・時間・回数・頻度など）です。これらが満たされているか、つねにカタリストは頭の中でチェックします。三つのうちどれかが欠けていることに気づいたら、その時点でゴール設定を見直しましょう。BMを効率的・効果的に行うためには、解決のための対応策を話し合う前のゴール設定の段階でゴールメンテナンスができるのが理想的です。

（鹿嶋）

進路に悩む生徒に関する会議
課題とゴールがちぐはぐなケース

場　　面　学習意欲が低下しているＫ子（中３）について学級担任が援助要請し、学年
　　　　　会でBMを実施。１学期の成績が下がったことで進路への不安が強くなり、
　　　　　リストカット等がみられる。

メンバー　学年主任（カタリスト）、学級担任（事例報告者）、３年生の学年団（担任４名、
　　　　　副担任３名）生活指導担当、進路指導担当。全11名。

ブリーフミーティング

ルール（解決志向・守秘義務）
終了時刻　16：45

事例報告（5分）
Ｋ子（中３）
・１学期……勉強がんばるも結果出ず
・進路への不安
・ショックで夏休み遊ぶ
・塾をやめた
・２学期……エスケープ（保健室へ）
・リストカット⇒リストバンドで隠す
・進路関係の提出物……期限守る
・家族……父・母・兄　母との関係△

質問・リソース探し（10分）
Q：母親はどう思っている？
　休日遊んでいることを容認
　学校に行ってほしいとの願いはある
Q：カウンセリングは受けた？
　ＳＣのカウンセリングを３回
　　１回目大泣き
　　２・３回目うつむいたまま
Q：友達との関係は？
　クラスの女子から敬遠
　クラスの男子とはよい
Q：成績は？
　２と３が多い
　納得いかず破いて捨てる

今日のゴール
・母子関係の改善

解決のための対応策
・母に学校の様子を話す
　⇒生徒指導担当も同席
・進路面談……母子と話す
・事前に話す機会をつくる
・多くの教員で声かけ

決定
・母に学校の様子を話す
・多くの教員で声かけ

次回
9月17日（金）16：15～

撮影

ココが惜しい！ 「進路の課題に結びついていない」

学年団の先生方は事例の生徒をよく知っているので、ＢＭの会議に自我関与しやすいことがメリットです。惜しかったのは、生徒の進路に関する苦戦の状況について報告されているにもかかわらず、「母子関係の改善」という、本人が一番困っていることではないことが、今日のゴールとして設定されてしまったことです。

課題から質問が拡散してしまう場合
課題と改善＆予防策

1　この会議のむずかしかったところ

　BMの事例報告で、カタリストは報告者に「いま、一番困っていることから話してください」と求めます。課題と思われることから簡潔に報告してもらうことで、時間切れで一番大切なことが言えなかったという事態を防げますし、事例報告者にとっても、何が課題なのかを明確にしていくことの助けになります。しかし、本事例では、事例報告者が「進路に関すること」を最初に報告したにもかかわらず、質問・リソース探しでは、進路に関する質問やリソースがあまり出されませんでした。質問が拡散してしまったため、課題が明確にならずに、「母子関係の改善」というまったく違ったゴールが設定されました。課題とゴールがちぐはぐにならないためにはどうすればよいか、一緒に考えていきましょう。

2　カタリストの介入ポイント

①課題を意識してBMを進める

　BMでカタリストの力量が求められることの一つに「課題の明確化」があります。それが発揮されるのはおもにBMの前半です。事例報告の場面で、事例報告者に「困っていることから順番に簡潔に話してもらう」よううながし、事例報告が終わったら「今日の事例は○○で苦戦している事例です」とメンバーと課題を確認し、「○○の解決に役立つような質問やリソース探しをしましょう」と、課題を明確化しながら進めます。

②「どうなってほしい」と思っているかを引き出してゴールを設定

　事例報告者は、BMを進めていくうちに解決したいこと（変化を起こしたいこと）が明らかになり、自分でも気がついていなかったリソースにも気がつくようになります。その中で、どのようになってほしいのかというゴールをイメージできるようになってきます。本事例の場合、そのような願いを事例報告者から引き出すカタリストの介入は、「彼女が自分の進路をあきらめずにがんばってみようと思えるようになったときには、どんな行動ができているでしょうか」の一言です。これにより、事例報告者はできるようになってほしい具体的な行動を考えることができるでしょう。

3　もしも課題とゴールがちぐはぐになってしまったら（改善策）

　カタリストは、事例報告者が提案したゴールが、課題からずれていないかチェックします。もしずれていることに気づいたら、ホワイトボードの「事例報告」の欄を指さし、課題の再確認を行います。課題が「進路」についてであることが確認できたら、再度、事例報告者にゴールの設定を求めます。そのときのカタリストの一言は前述の②と同じです。

4　次回へのヒント（予防策）

　課題が途中でずれてしまうことを防ぐため、カタリストは、事例報告の5分間が終了した時点で、「課題は○○ですね」「○○の解決に役立つような質問やリソースをどんどん出してください」と言語化しながら、課題の解決に結びつくような質問・リソース探しへと入っていくようにします。

（鹿嶋）

実践レポート 1 — 保護者対応

1. 保護者対応での活用について

　教員である以上、保護者対応は大切な仕事であるけれど、特に気を遣う仕事であるため、苦手意識をもっている人も多いかもしれません。保護者との対応で苦慮することの一つに、話をしているうちに、保護者の主たる訴え（思い）がはっきりしなくなるということがあると思います。

　保護者の中にはわが子を思うあまり、熱心になりすぎたり、自分の思いをわかってほしいという気持ちが出すぎたりして、対応に苦慮するケースがあるのも事実です。

　保護者の思いを丁寧に聴いていくと、はじめとおわりでは主張が大きく変わってしまったような印象を受けることも少なくありません。時間をかけて話したけれど、後になると何を話したんだろうと思ってしまうことすらありました。もちろん、そうした時間も意味のあることではあるのですが、BM のメリットを知り、保護者対応にも生かしたいと思い、実践しています。

2. BM でのホワイトボードの活用

　BM でホワイトボード（本校では A 3 サイズ大のものを使用することが多い）を使うことについては、「記録として、あとで校内（学級担任等と）でも確認したいのでホワイトボードに書かせてもらいます」と伝えるようにしています。ホワイトボードに記入することで、保護者も同時に書いている内容を確認できます。必要に応じて、「お母さん（お父さん）の一番の思いは、……ということでしたね」というように確認しながら話を進めることもできるので、思った以上に効果的に活用できました。

　継続して話す必要のある場合には、記入したホワイトボードを次回の話合いまでそのまま残しておいて、それを見せながら、「前回は○○○ということでしたが、その後……」というように話を進めました。保護者との話の際に、ホワイトボードを持ち出すのはとまどいがあるかもしれませんが、私はこれまで複数回行いましたが、保護者からの不満等は全くありません。

　私がホワイトボードを活用しようと思った理由は、「①終了の時間を決めて話ができ

る」「②各自がメモをとる必要がなく、参加者全員が同じ内容を確認しながら話ができる」「③記録を残すことができるので、校内での共有にも活用できる」「④継続的に話をする場合には前回の記録を残しておくと、前回の話を生かして、効率的に話ができる」ことです。①の終了時刻については、保護者が来た際に、「時間は30分（内容によっては1時間）くらいいただいてかまいませんか」「では、○時○分をめどにさせてもらいます」と終了時刻を明示してから話をするようにしています。

ぜひ、活用していただきたいと思います。

3. 保護者と複数の校内外の関係者を含んだ BM の事例

保護者と複数の校内の参加者、関係機関等が参加する場合には大きなスタンドタイプのホワイトボードを活用しました。保護者に対して、BM の流れを掲示する形ではまだ行ったことがないのですが、意識をしているのは、①終了時刻をまず伝えること②カタリストの役割を果たす者が解決志向で話を導いていくこと、です。

事例は、小学1年生と4年生の兄弟についての支援会のものです。

参加者：母親・担任（2名）、特別支援教育コーディネーター、校長

〔オンライン〕母親のスマートフォンを使い、関係機関の相談員も参加

流れを簡単に説明します。

兄弟二人について話をするので、短時間で終わりそうな兄について先に進めました。この日は1時間を予定していたので、そのうちの20分を兄の時間として考えました。まず、母親から現状を聞き、次に学校から報告をしました。今回の会の目的は具体的な支援方法を考えることでしたので、家庭での対応や母の要望から支援方法を具体的に確認するという流れで行いました（次頁の写真はその際のものです）。

左側の小さいボードは、オンラインで参加した校外の関係機関の方が、それまでの話し合いを聞かれて最後に発言されたことをまとめる形で書いたものです。

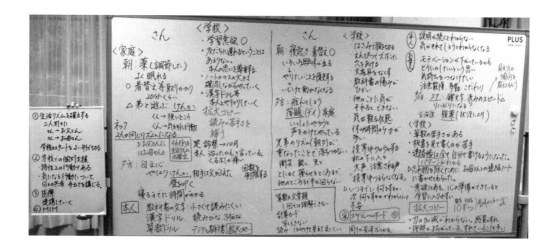

　この支援会では、具体的な支援方法として次の内容を確認しました。

【学校で】

・読み書きの苦手さは、①拡大コピー②読み仮名をつける③マス目の大きいノートを使う〔兄弟とも〕

・言葉のまとまりでとらえることが苦手なので、区切り（／）を入れる〔弟〕

・スケジュールボードを家庭で使って効果的であったとの話から、個人用のスケジュールボードを検討する〔弟〕

【家庭で】

・朝、兄弟のリズムが違うことでけんかになり、スタートがよくないので、生活リズムの確立のために、期間を決めて二人を別々（両親が一人ずつ送ってくる）に登校させる。

　大きいほうのボードは１時間の内容を記入しているので、前後がわかりにくい記述になっている箇所もあります。また、このケースでは、「できていないことを明確にしたうえで話をしたい」という保護者の希望があったため、事実の記載に「……できない」等の否定形の言葉も多く出ていますが、保護者や参加した教員からはメモをとらなくていいし、全員が同じ言葉で確認できたことが何よりよかったです、という声があがっていました。こういった児童生徒への支援は今後も継続していくものなので、写真で見られるように残っていることで引継ぎにも役立てることができます。

4. 今後の活用について

　ホワイトボードをさまざまな場面で複数回活用してきましたが、マイナスを感じることは一度もありませんでした。保護者の発言を書くという作業は、保護者にとっても自分の意見を大事にしてもらっている、という感覚につながっているように思います。「書く」時間は、保護者が頭の中を整理する時間になり、「書く」ことで思考の流れを整理することにつながっていることを実感しています。そして、回数を重ねることでさらにメリットが出てくると考えています。

　ところで、BMでは流れのプレートを貼って構造化することで、思考の整理につなげています。ここでとりあげた保護者対応については共通の流れをつくることが難しい側面もあり、今回のホワイトボードにもプレート等は貼っていません。小さなホワイトボードであれば、それでも十分なのですが、大きなホワイトボードの場合はケースに合わせたプレートを準備することで会の流れがより意識でき、さらに効率的に実施できるのではないかと考えています。準備をして臨める保護者対応の場合は、会の流れをイメージしてプレートを準備することでこちらの意図する流れで進行できるというメリットも出てくると思います。

（依光）

福祉支援における会議での応用

1. BM の応用〜SSW 版「脳内 BM のススメ」

　ここでは、スクールソーシャルワーカー（以下、SSW）の支援現場で、BM の枠組みを少し変則的な形で応用した事例をご紹介します。具体的には、私が支援者として SSW 活動を行う中で、「ひとり脳内ミーティング」を展開した事例です。このため、厳密には本書で紹介されているような BM の時間設定や枠組みとは異なる方法ではありますが、つねに BM の枠組みを念頭に置きながら支援に活用した事例として参考になる点があれば幸いです。

　スクールカウンセラーに比べると、SSW はまだあまり知られていませんが、近年は少しずつ各都道府県や市町村などで配置や活用が進みつつあります。しかし、SSW の配置や派遣条件は充実途上で、私の場合は、依頼校 1 校につき、「1 回あたり 3 〜 4 時間×年間 5 回」というのが制度上の標準的な活動上限です。この短い時間の中で SSW が支援できる事柄には、かなり制約があることがおわかりいただけるでしょう。先生方や保護者のご都合を考慮すると、BM の時間を計画的に確保するのさえ困難です。本事例は、そのような制限がある支援の現場で、BM を参考にした事例としてご覧ください。

2. 事例の特徴とリソース

【事例概要（一部改変）】

X 町立 Z 小学校、5 年生男児　主訴：不登校

経過：小学校 2 年生頃から教室の飛び出しなどが見られ、その後、不登校気味となる。学年によってはある程度登校できた年もあったが、安定せず。SSW の支援開始時は、週 1 回程度。放課後に30分程度の登校をすることを試行していた段階。いじめ等の要因は見られず、P 君は登校したくない理由を「めんどくさいから」と表現する。

　私が P 君と何度か関わる中で、P 君の特徴に加えて、いくつかのリソースが見えてき

ました。ここで大事なのは、私自身が「リソースを探す」という視点をつねに持ち続けたことにあったと思っています。これは、まさにBMの「リソース探し」の場を、脳内でつねに展開し続けるイメージで関わっていたことを意味しています。

【P君の特徴とリソース】

・同級生や他の子どもの姿が見えると、逃げ隠れてしまうことがある（でも、大人は大丈夫）。

・賢い。言語的な能力が高いので、大人とも丁々発止なやり取りを楽しめる（ただし、その分、同級生とは、大人とするような会話はできなそう）。

・インターネット等からの情報で、社会情勢にも通じ、募金をしたがるなど優しい面がある。

・人懐っこく、いい意味での子どもらしさがある。

・（特に男性の？）大人（学級担任の先生も含む）と関わることが大好き。

・母親のことが大好きでよく甘えることができている。反抗的な姿勢が見られない。

・オンラインゲームが好き。トランプなど、対面で人と関わるゲームが大好きで喜ぶ。

・必ずしも、将来的にこのまま不登校状態のままでいいとは、自分自身も思っていない。

・保護者は、不登校傾向が長期化して、少し「諦め気味」になってしまっているが、根気強くサポートし続けてくれている。

3.「対応策」の提案

　SSWは本当に短時間しか関われないため、P君との普段の関わりの主役は保護者や学校の先生方です。つまり、SSWは「自分が何をするか」よりも、「今後、何を試してみるかという視点を提供する」ほうが大切な役割になります。そこでSSWとして、（いい意味で）第三者の視点からP君を観察、アセスメントしながら、BMでの「対応策の提案」を脳内でつねに意識し、保護者や先生方との短い情報共有の時間を使って、多くの提案を試みました。その中から「できること、やってみること」を、保護者や先生方に選択していただくというスタンスです。

　先に、うまくいかなかった取り組みをご紹介しておきましょう。P君は賢く、将来のことも考えている素振りを見せたことから、私は当初、「大学案内を取り寄せて、一緒

に夢や目標を話してみる」ということを試してみました。しかし、これには全く関心を示してくれませんでした（少し、私と知り合ってからのタイミングが早すぎたかもしれません）。

　次に、すでにうまくいっていることとして、週1回の放課後登校は大切に継続しました。この時間に学級担任の先生や特別支援の先生と深く関わり、より深い信頼関係を築くことを目指したのです。後に、学級担任の先生から、「先生はP君に学校に来られるようになってほしいんだ」という話をストレートにできるまでに、P君との信頼関係が深まりました。

　そして、非常にうまくいったブレーンストーミング的な提案を2点ご紹介します。P君は人と関わることは好きなのに、同級生は避けてしまいます。「直接、同級生と顔を合わせる負担を軽減しながらも、P君と同級生が関わる機会を増やせないか？」という問題意識から、SSWとして、先生方に次のことを提案してみました。

【提案①】Zoomなどのオンライン会議システムを使って、ホームルームや給食の時間などに、教室と自宅を短時間つないでみることはできないか？
【提案②】「謎解き」のようなゲームやクイズを教室に仕掛けられないか？　夕方、登校したP君に、教室に何らかの仕掛けをしてもらい、クラスメイトが日中それを解くなど。

　提案①は、コロナ禍によってZoomなどが一般化してきたことを受けての発想でした。教室で「最先端」のZoomを使うのは、きっとクラスメイトにとっても新鮮でしょうし、普段からオンラインゲームやスマホなどに親しんでいるP君にも馴染みやすいと考えました。

　提案②は、最近「謎解き」が世の中でも流行っており、私自身も好きであることにヒントを得ました。謎解きなら、人と人が直接向き合うことなく、「モノ」を介したコミュニケーションが可能です。遊び要素が入ることで楽しさを生む効果も期待できます。これらは、自分自身でもいささか突拍子もないアイデアである気がしましたが、これこそ、まさに脳内でBMをしつつ、ブレーンストーミングを行った発想でした。

4. 提案の実施とその後の変化

　先生方はその後、まず提案②の「謎解き」を「宝探し」に置き換えて実施してくださいました（この提案を本当に試したと聞いたときは私が驚きました）。その結果、P君が夕方の登校時に隠した宝をクラスメイトが見つけ、今度はクラスメイトがP君への手紙を書いた宝を隠し……と、文通のような効果まで生み出しました。それが奏功したのかどうか明確な因果関係はわかりませんが、「給食でも食べに来ない？」という先生の誘いにP君が乗り、不登校状態になってから初めて、給食時間にP君が特別支援の教室に登校するという大きな変化が生まれたのです。

　さらに、先生方はそこで、提案①にあったZoomを使い、給食の時間に学級と特別支援の教室の間をつなぐという試みを実行してくださいました。P君とクラスメイトが、お互いに画面越しに手を振るというコミュニケーションが、ここで成立しました。

　その後、私がSSWとして学校に訪問したある日、給食時間から登校していたP君は、その流れのまま5時間目の授業（学級レク）に合流しました。約1年ぶりに正式な授業に一緒に参加できた瞬間を、私もたまたま見届けることができたのです。その後のP君は、徐々に登校できる日や時間が増え、校外学習や修学旅行にも参加し、ついにはほぼ毎日の登校ができるまでに変化していきました。

5. さいごに

　私が初めてBMの場にお邪魔したときに最も驚いたことは、そこに仮に「素人の部外者」が入っても問題ないどころか、それが想像もしなかったアイデアの提案や、化学反応につながる可能性さえ秘めているというミーティングの構造でした。この手順を脳内でつねに意識し続けることが、普段の福祉支援においても有効な視点を生み出し得るという実感を強く抱いています。「ひとり脳内BM」の効果を、皆さまもぜひ試してみてください。

（関谷）

学級で生徒が行うブリーフミーティング（学級づくりBM）の準備と実際

BM は個別のケースはもちろんですが、学級づくりの場面でも活用することができます。学級担任がアセスメントを行い、めざす学級像に少しでも近づけようと一人で努力しても、苦労の連続で思い悩む日も多いことでしょう。そこで、生徒が主体となり学級の課題解決をめざす BM を取り入れてみてはいかがでしょう。生徒一人ひとりが「自分たちの学級は自分たちでよくする」という当事者意識をもち、自治力を高めることができます。

学級会議を BM に変えることで、生徒たちも自然に解決志向を身につけることができます。また、特定の誰かがカタリストを行うのではなく、誰もがカタリストを体験できるようにと考え、生徒用の「カタリストマニュアル」（巻末資料144頁参照）も作成しました。

1. 学級で生徒が行うための準備

> 準備物：BMの掲示用プレート一式（巻末資料146〜156頁参照）
>
> 　　　　カタリストマニュアル（巻末資料144頁参照）
>
> 　　　　ストップウォッチまたはタイマー

（1）動機づけ

はじめに、なぜいま、BM を学級に取り入れようと考えたのか、また、その意義やこれを体験することで、生徒の未来にどのような変化（いいこと）が起こるかについて、先生ご自身の考えを述べます。このプロセスを踏むことで、生徒の抵抗ややらされ感が軽減され、意味のある時間として活動できます。もちろん、解決志向については事前に説明しておくことをお忘れなく。

（2）プレートによる確認

「カタリストの役割」「メンバーの役割」「BM 攻略のためのワンポイントアドバイス」が書かれた下記プレートを黒板に掲示し、全員で確認します。

カタリストの役割

①学級や生徒のリソースを引き出す

②時間は有限：時間の管理が成功の秘訣

③黒板の記録を活用

④ゴールはスモールステップで！
　　　→「いつまでに○○を○回する」など

⑤ブレーンストーミングでは何でもOK
　の姿勢

メンバーの役割

①顔を上げてメモはとらずに知恵を絞る

②「どうすればうまくいくか」の
　解決志向で

③柔軟な思考が解決への糸口

④「こんなこと言って大丈夫？」こそ
　ヒントに！

⑤発言は簡潔に！

BM攻略のためのワンポイントアドバイス

①時間を守る

②解決像を行動レベルでイメージする

③みんなで考えた『今日のゴール』の具現化

④ゴールまでのスモールステップを考える

⑤具体的な数字を入れてみる（○回・○分など）

（3）流れの確認

　私たちが行うBMと学級で生徒が行う学級づくりBMの違いは、「事例報告」と「質問・リソース探し」「ゴールの設定」にあります。

　事例報告では、いまの学級の状態について、問題だと思うことや気になること、困っていることについて、一人ひとりが考え、出してもらうことから始めます。そのため、学級づくりBMでは、掲示用プレートも**「事例報告」**ではなく**「学級の現在地」**となっています。ここでは、自分の考えたことをそのまま発表しても、班の中で出し合ってから班の考えとして発表しても構いません。大切なことは、全員が自分事として考えることができるようにすることです。

　また、「質問・リソース探し」についても、BMのメンバー全員が学級の様子を知っているので、「リソース探し」に専念します。ゴールの設定では、自分の考えを班で出し合って決めます。その際、「いつまで」に「どんなことができるようになっているといいか」について具体的に目に見える行動としてイメージします。

2. 学級づくり BM の実践例

　第1回目は、学級委員がカタリストを務め、次からは、誰もが一度はカタリスト（もしくは記録係）を経験できるようにします。解決志向を旗印に進める BM のカタリストを経験することで、解決志向とはどういうことなのか、身をもって体験できるからです。

　ここからは、学級づくり BM の実際について紹介します。カタリストマニュアルに従い、ルールの説明、終了時刻の確認の後、学級の現在地について5分、リソース探しで8分、生徒から出された内容は以下の通りでした。

●学級の現在地（中学2年生）	●リソース探し
・チャイム着席ができていない ・休み時間と授業中のけじめがない ・授業中、私語がなかなか終わらない ・先生に注意されると一瞬は静かになるが続かない ・勉強できる雰囲気ではない ・先生の話も人の話も聞けない ・班長が注意しても無視する人もいる ・一緒になって騒ぐ班長もいる ・社会科の時間はけじめもあり楽しい ・体育、美術、技術は OK	・課題プリントは静かに取り組める ・優しい人が多い ・困っている人を助けようとする ・話し合ったり活動したりは好き ・勉強はできるようになりたい ・真面目に勉強している人もいる ・チャイム着席している人のほうがしていない人より多い ・給食の時間は守れている

　今日のゴールの設定では、「いつまで」に「どんなことができるようになっているといいか」について具体的に目に見える行動を考えて班で話し合うよう、カタリストが伝えても、出てくる意見の多くは、「授業に遅れない」「授業中、私語をしない」など、否定の言葉になっていたり、「授業をちゃんと受ける」「けじめをつける」など抽象的な言葉になったりしていました。中には、「学年で一番いいクラスにする」「みんなから羨ましがられるクラス」「勉強が一番できるクラス」など、大きな夢を語る生徒もいました。

　そこで、カタリストが「カタリストマニュアル」の介入セリフ例（巻末資料144頁参照）から、「具体的にどんな行動が増えるといいと思いますか？　～をしない、～をやめるではなく、～をする、～ができるようになると言いかえると？　どうなるか、考えてみてください」と促しました。

　徐々に解決志向の扉が開き、「チャイムが鳴り終わったとき、全員が席に座っている」「先生が話しているときは先生の話を聞く」「先生だけでなく人が話しているときはその人の話を聞く」という考えに変化してきました。結果、この日のゴールは、「人が話しているときはその人の話を聞く」となりました。

　さらに、カタリストが介入のセリフ例から、「～を〇回できるようになる、など数値

や回数をいれるとしたら？」と促しました。生徒たちはしっくりしない様子だったので、先生も学級づくり BM のメンバーの一人として「このゴールで数値を入れるとしたら、何分間とかがいいと思うので、授業の最初の何分間は……、にすると取り組みやすいのでは？　皆さん、何分間からチャレンジしてみますか？　もちろん、最終ゴールは50分間であり、授業中に限らず、になると思いますが。5分くらいから始めますか？」。

　すると、先生のこの言葉に触発され、「10分でもできるよねぇ〜」とか「もっと長くても大丈夫じゃない？」など、すでに取り組むことを前提に話が進み、今日のゴールは以下のように修正されました。

> ●今日のゴール
> ・授業の最初の10分間は人が話しているときはその人の話を聞く

　ゴールが否定形でなく、数値が入っていてしかも具体的に目に見える行動になっているので、続く解決のための対応策も以下の通りでした。

> ●解決のための対応策
> ・今日のゴール「授業の最初の10分間は〜」を書いて掲示する
> ・今日のゴール「授業の最初の10分間は〜」を書いたものを机にも貼る
> ・話す人と聞く人を区別できるようにする
> ・自分が話す人か聞く人か自覚する
> ・立っている人が話す人で、座っている人は聞く人というルールをつくる
> ・話す人の名前を黒板に書いて、その人以外は聞く人になる
> ・せっかくだから楽しみながらできる方法をこのクラスでつくりたい
> ・話す人はおもちゃのマイクを持って話し、マイクを持っていない人はその人のほうを向いて聞く

　そして、対応策の中から生徒たちが選んだのは、最初に出た案と最後に出た案でした。その後、彼らの教室には、おもちゃのマイクが置かれ、10分間のハードルは難なく超えることができました。自分たちで考え、自分たちで案を出し合い、自分たちで決定したことだからこそ、主体的に取り組めたのです。学級づくり BM も試す価値がありそうですね。

（鹿嶋）

Column 3

リソースは、そこにあるもの

　第1章でも述べていますが、大事なポイントですので、リソースについて、本コラムでも繰り返し述べたいと思います。

　リソースは、その人の中にある力、興味・関心、もっているもの、家族、友人、ペット、すでにできていること……等があげられます。私たちはリソースを探すとき、つい、よいものに目を向けてしまいがちです。しかし、リソース自体に良い悪いはありません。そこにあるリソースの山から、解決像を創るのに役立つものを使うだけです。

　森（2015）は、「問題」もリソースの一つであると言っています。例えば、場面緘黙（話せるのに、ある状況下では言葉を発しない）の子どもの場合、見方を変えれば「話すことができるのに、ある状況下では話さないでいる力をもっている」ともいえるのです。これはすごい能力です。問題ととらえるか才能ととらえるかの違いで、ものごとの見方がこれほど変わってくるのです。

　ミルトン・エリクソンも、問題解決のためのリソースとして多く用いています。左の親指をしゃぶり続ける6歳の男の子に、エリクソンは、「それだけじゃ不公平だよ。ほかの指も同じくらい時間をかけてしゃぶってあげなきゃ」と言い、初めは右の親指を、最終的にはほかの指も全部しゃぶるようにと男の子に言いました。男の子の指しゃぶりはすぐに半分以下に減少したとエリクソンは語っています（W・H・オハンロン、1995）。

　つまり、リソースとは「そこにあるものすべて」なのです。リソースの中には、解決像を創るのに役立たないものもあれば、悪いことのように見えても解決像を創るのに役立つものもあります。解決のために使えるのであれば、問題もリソースの一つになります。○○がない、○○ができないという否定的に見えることも、解決のリソースとして使えるかもしれません。玉石混淆なのです。

　しかし、ブリーフミーティングに慣れないうちは、メンバーはそれに気がついていません。そこでカタリストの出番です。例えば、「Aくんはいつも大声を出すので困っています」という事例報告者に対して、次のような介入をします。

　「いつもとは、1日中ですか？」「大声を出さないときはありますか？」と例外探しを提案したり、「声が大きいことは、声が小さい人からすると羨ましいことですよね」と違う視点があることを示唆したり、「目立つことは、存在感があるともいえますよね」とリフレーミングしたりすることで、それも解決のためのリソースの一つであることに

気づかせるのです。

　この考え方が板についてくると、メンバーからさまざまなアイデアが飛び出します。同様の事例ならば、「大きな声が出るなら号令係がいいかも」「運動会の応援団もいいね」「教室が騒がしくなったとき、『静かにしてください』という係もあり？」。

　このように、「大声を出すこと」を、「困った使い方」ではなく、「人の役に立つ使い方」に変えた、素敵なブリーフミーティングになっていくのです。

　ブリーフミーティングは問題解決に有効なだけでなく、思考プロセスを体験することによって、メンバーのものごとへの見方が変わってきます。「リソースは、そこにあるものすべて」が、当たり前になるのです。

（石黒）

【引用・参考文献】
森俊夫『ブリーフセラピーの極意』ほんの森出版、2015年
W・H・オハンロン著、森俊夫・菊池安希子訳『ミルトン・エリクソン入門』金剛出版、1995年

第4章

ブリーフミーティングの
アレンジいろいろ

ブリーフミーティング アレンジのコツ

1. 会議の質的分類

　学校で行われる会議は、職員会議、学年会、分掌部会、校内支援委員会、チーム会議など、メンバーも変われば、会議の意義も変わります。会議というのはもともとそういうものです。であるなら、これまで紹介してきたブリーフミーティング（以下、BM）も、メンバーや会議設定が変われば、その展開を変えるのは自然のことです。BM の基本は、解決志向と時間厳守です。この点を押さえていれば、バリエーションは広がります。

　ところで、「BM をやろう！」と思ったのは誰でしょう。事例報告者でしょうか、それとも研究主任や特別支援教育コーディネーターでしょうか。「現場で使えそうな会議の方法があるから、うちの学校でもやってみよう！」と同僚（もしくは、上司）に紹介され、「では、学年ごとに輪番で事例を報告してください」と提案されたとすると、どのようなことが起こるでしょう。考えられる会議を質的に分類したものが、表1です。この表をながめてみると、より効率よく効果的に BM を行うためには、アレンジの必要性があることに気がつきます。ここでは、具体的に何をどのようにアレンジすればよいかについて紹介します。

表1　会議の質的分類

会議	事例報告者	事例報告者の課題意識	情報共有の有無
1	担当者	有 （高い）	有
2			無
3		無 （低い）	有
4			無
5	間接的	有 （高い）	有
6			無
7		無 （低い）	有
8			無

2. 普段から情報共有されている場合のアレンジ

　BM のメンバーが、普段から情報共有できているメンバーか否かによって、展開はガラッと変わります。これまで紹介してきた BM の方法は、情報共有がない（あるいは少ない）メンバーを想定していました（表1の2、6）。アレンジが必要なのは、学年会のような会議です（表1の1）。メンバーは、同じ学年を担当しているので、授業はもちろん学校行事、学年行事といった場面で、学年の生徒とふれ合うことの多い先生方となります。メンバーは職員室の席も近く、きっと空き時間や放課後など、普段から気になる生徒の情報共有がなされていることでしょう。ですから事例報告といっても、誰もが知っている『A さん』なわけです。ゆえに、事例報告者（一般的には担任）は、まだ共有されていない最新の情報について話す程度にとどめるとよいでしょう。

　また、カタリストは「ほかに A さんに関する情報はありますか?」と、事例報告者以外のメンバーからも自由に情報を提供してもらうことでより充実します。例えば、「クラスには友達がいないのでいつも一人でいます」との担任の発言を受けて、「休み時間はうちのクラスの B さんのところによく来ているのを見かけますよ」とかです。

　さらに、質問・リソース探しでは、質問というよりリソース探しに焦点を当て、自分の知っている A さんについてどんなことでも出し合って共有することが大切です。人は心理的距離や得意不得意によって見せる顔が違うからです。数学の時間は静かで目立たない生徒も、体育の時間は先頭に立って生き生きとしていることがあるように。

　また、絵を描くことが好きな子の中には、理科が好きな子もいます。理科の教科書に載っているからだのつくりや顕微鏡のつくりなどをノートに「描くこと」があるからです。このように、教科によっても見せる顔が違います。

3. 間接的な事例報告者の場合のアレンジ

　事例報告者の「担任ではないですが、何とかしたいので、私のほうから報告させていただきます」から始まる BM の場合があります（表1の5、6）。どのような立場の方かというと、副担任や学年主任、養護教諭、特別支援教育コーディネーターなどです。事例を客観的に見える立場だからこそ、課題意識は明確です。ここで事例報告者になったのには、訳があります。例えば、BM の時間帯に担当者が授業等で参加できないとか、担当者自身に課題意識が薄いので BM の必要性を感じていないなどです。いずれにしても、担当者不在のまま BM を進めていく場合の落とし穴として、①事例報告の際の

情報不足、②課題の矛先が児童生徒ではなく、担当者の対応のまずさへ向けられがち、の2点が挙げられます。

①については、事前に担当者から聞き取っておくとか、事例報告に必要と思われる内容についてのメモ書きを預かっておくなどの準備が必要となります。また、②についてですが、BMでは、犯人さがしはしません。担当者の対応のまずさに焦点化されることのないよう、どのような事例であっても、どうなっていればいいか、その未来像を行動レベルで描くことで、次なる一手を探っていくわけです。事例に忠実に寄り添いながら、あくまでも「なおそうとするな、わかろうとせよ」の精神で。解決していればどのようなことが起きているか、その未来をイメージしながら進めていきます。

そこで、カタリストの出番です。カタリストは、事例報告を聴きながら、リソースにつながりそうなことを引き出します。例えば、「担任の先生には反抗的だけれど、養護の先生には心をひらいているようですね」とか、「現在、その先生の授業が成り立たないということですが、何の授業でしたら（楽しそうに）参加していますか？」などです。

以上の点に留意することで、落とし穴にはまることなく、BMを進めることができるでしょう。

4. 事例報告者の課題意識が低い（あるいはない）場合

会議の質的分類の中でも特に厳しいのが、事例報告者の課題意識がない（あるいは低い）場合（表1の3、4、7、8）です。課題意識がないと事例報告者でありながら、今日のゴールが浮かんできません。会議は必要だから行うものです。ではなぜ、課題意識がないのに会議を行うことになってしまったのでしょう。考えられるのは、現場にBMを導入するときに「どなたか事例報告者になっていただけませんか？」と言われ、特に困ったことはないのに、事例報告者に抜擢された場合や、輪番で事例報告者になった場合などです。ゆえに、解決したい課題があるときにBMを行うこと、そして課題意識のある人に事例報告者を担ってもらう（表1の1、2、5、6）ことが最低条件となるわけです。

(鹿嶋)

Zoom を活用した
ブリーフミーティングの実際

1. オンラインでのブリーフミーティング

2020年度は新型コロナウィルスの影響で世界中が大混乱でした。学校現場も例外ではありません。そうした中で各学校では子どもたちの学びを確保しようとさまざまな工夫がなされたことと思います。私たち TILA 教育研究所でも予定していた研修会が実施できず困惑していました。しかし、各大学で始まったオンライン授業からヒントを得て、これならば TILA の研修会もできるのではないかと思い、始めたのが Zoom を活用した BM です。

もちろん、Zoom でなくともオンラインのミィーティングツールならば、他のものでもできると思います。オンラインの会議ツールとして BM を行ううえで必要な機能は次のようなものです。

（1）BM に参加する人数が制限されない

BM を行ううえで必要な人数は、カタリスト、事例報告者、メンバーです。これら三者をあわせて多くて10名前後で実施する場合が多いと思います。これらの人数が充分参加できるオンライン会議ツールであれば、どのようなものでも構いません。

（2）画面共有が可能

BM では、ホワイトボードを使用します。オンラインで BM を実施する場合もホワイトボードと同様の機能が必要です。つまり、出てきた質問や意見が可視化できるということです。画面上である一定の広さがあり、自由にテキストが記入できる。欲を言えば、手書きのように矢印なども後から書き入れられると、より視覚的になります。こうした機能があるものとしては、ワードプロセッサーやプレゼンテーションのソフトがあると思います。私たちは、使いやすさや、文字の配置のしやすさからプレゼンテーションツールのパワーポイントを使用しました。後述しますが、画面を BM の枠組みに構造化しておいて、そこに出てきた意見を入力します。

（3）意思表示のサイン機能がある

　どんなものでも構いませんので「挙手」や「拍手」などの意思を表明する機能があったほうがいいでしょう。カタリストが何かを問いかけたときに、視覚的に意思を表明できるツールがあると便利です。

（4）チャット機能がある

　当然のことですが、BMでは盛んに質問や意見が出されます。通常ですと、互いに対面で行うので問題ないのですが、オンラインですと発言をある程度コントロールする必要があります。「挙手」などの機能を使ったり、画面上で実際に挙手してカタリストが指名したりする方法もできますが、通信の関係でうまくいかない場合もあります。聞き取れなかったり、発言者が混乱したりすることもあります。そうした場合はチャットも併用すると発言内容を正確に受け取ることができます。また、チャットを使用すると記録が楽になるというメリットもあります。

（5）共同ホスト機能

　オンラインでのBMでは、カタリスト以外にも会議をコントロールする人が必要になる場合があります。パソコンの操作に慣れている人がカタリストを行う場合は一人でも可能ですが、パソコンに不慣れである、あるいはキーボードの入力があまり得意でない場合は、共同ホスト機能で他の人にも会議の進行を手伝ってもらえるほうがよいでしょう。

2. 通常のブリーフミーティングにはない役割

　オンラインのBMでは通常のBMにはない役割が必要になります。それは、「記録係」です。通常のBMでは、カタリストが会議を進行しながら、ホワイトボードに発言内容を書いていきます。しかし、前述したようにカタリストがパソコンに不慣れであったり、キー入力が苦手であったりした場合、カタリストが記録を同時に行うことが難しくなります。記録のために手間を取られてBMの進行が滞ってしまいます。そのために「記録係」を設けます。「記録係」は、パソコンの操作やキー入力がある程度堪能であることはもちろんですが、BMを経験している人がよいでしょう。

3. オンラインでのブリーフミーティングの進め方(Zoomを例にして)

（1）事前準備

　まず、Zoomにサインインし、スケジュールからZoom会議の予定を作成します。次にミーティングのリンクができますから、そのリンクを会議に参加するメンバー全員にメールで送信します（Zoomの詳しい操作は、ネット上のZoomのマニュアル等をご覧ください）。

　続いてホワイトボードの代わりになるものを準備します。一度つくっておけば以後は同じものを使用できます。ここではパワーポイントを用いたやり方をご説明します。

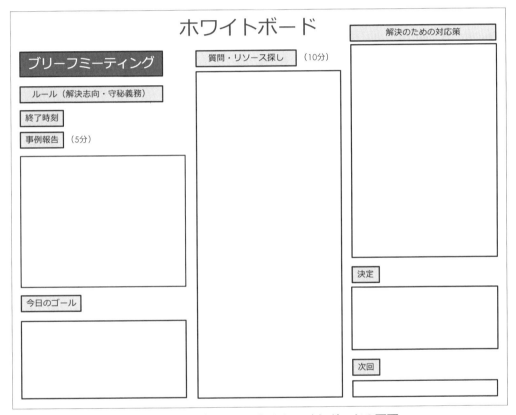

図1　パワーポイントによるホワイトボードの画面

　図1のように、パワーポイントのスライドにテキストボックスを用いて枠をつくります。枠自体は、通常のBMで使用するものと同じです。枠内の文字のフォントは、ゴシック体など、見やすいものにしておきましょう。

（2）オンライン BM を開始するに際して

　会議当日は、時間になったらホストの人は Zoom を起動しミーティングに入ります。カタリストと記録係を共同ホストにしておきます。

　あとは、実際に行う BM と変わるところはありません。オンライン BM として、「記録係」がいることや「挙手」などを使った意思表明の方法、発言をする際のルールやチャットを用いた発言の方法など、オンライン BM ならではのやり方を確認してから BM を開始します。

（3）BM の進め方

　BM 開始と同時に、画面の共有をして、図1の画面を共有します。

　あとはカタリストが通常の BM と同様に進めていきます。記録係は、随時、事例報告者やメンバーの発言を聞き取り、該当する枠内に入力していきます。ここでは、通常の BM と同様で発言者の発言を聞き、うまく要約して入力していきます。実際の BM でもカタリストが聞き取って、ホワイトボードに書きますが、発言者の発言をある程度

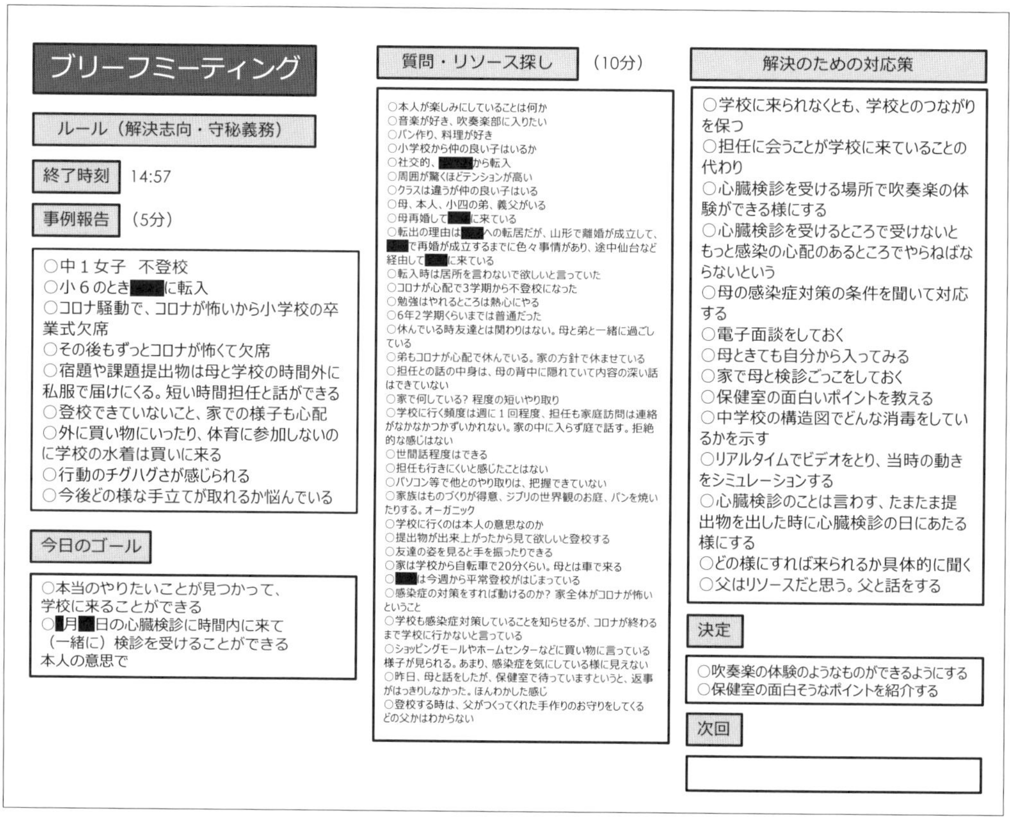

図2　パワーポイントによるホワイトボードの画面（記入例）

要約して記述しています。

（4）BM を終了する際

　BM で最後のゴールが決まると、事例報告者がホワイトボードを写真に撮って終了します。オンラインでもスクリーンショットを撮る方法もありますが、記録係がパワーポイントのスライドを PDF で出力することで写真の代わりにすることができます。

　通常の BM では終了して事例報告者が写真を撮ると、ホワイトボードは消します。これで個人情報等が守られるのですが、オンラインの場合、パワーポイントの記録が残ります。カタリストは最後に記録係に責任をもって消去するように伝える必要があります。当然、記録係も自分のパソコンからスライドを消去しなければいけません。

（5）ケース会議の可能性の広がり

　ここ数年、新型コロナウィルスの影響で世界中大混乱でした。しかしその代わりに私たちが手に入れたものがあります。それは、前述したオンライン会議ツールです。これは会議の参加者が同じ場所にいなくともよいということです。学校で行われる、ケース会議は、以前から外部の方（児童相談所、心理職、子ども家庭支援センターなど）と一緒に行うことがありました。その際、課題になることは日程の調整です。しかし、オンライン会議ツールのおかげで飛躍的にやりやすくなります。そのうえ、BM を用いることで忙しい方々の時間を大幅に節約することができます。今後、ケース会議のあり方も大きく、変化していくのではないでしょうか。

（石黒）

アンケート調査結果を活用した
ブリーフミーティング

1. 学校で行われるさまざまなアンケート調査

　現在、学校ではさまざまなアンケート調査が実施されています。実施主体は、教育委員会であったり、大学からの依頼であったり、学校それ自体が主体となって行うものがあったりと、さまざまであると思います。しかし、せっかく時間をかけてアンケート調査を行っても、それを十分に活用できていないという声はよく聞かれます。アンケート調査の目的は、ただ実態を確認するだけではありません。その結果を活かしてこそ、わざわざアンケート調査を行う意味があるのです。しかし、アンケート結果はどのように活用すればよいのでしょうか。活用方法の一つとして、ここでは、アンケート調査結果を活用する形での簡略化した BM のやり方を事例と共にご紹介したいと思います。

2. アンケート項目が測定しているのは「学校が目指す目標」

　アンケート調査で測定している項目は、多くの場合、学校が目指す教育目標を反映したものです。例えば、「わたしはクラスのルールをしっかりと守っている」という項目は、子どもたちにクラスのルールをしっかり守ってほしい、守れるようになってほしいという先生方の目標がきちんと達成できているかを測定するために、用意されている項目です（ただし、逆の場合も存在しています。「わたしは他の子の悪口を言います」という項目は、子どもたちに悪口を言ってほしくない、という目標を逆の形で尋ねている項目になります。こうした項目は逆転項目と呼ばれます）。さまざまなアンケート項目がありますが、それらは多くの場合、学校が目指す目標を測定しており、その得点が高いということが、目標が達成されているということの一つの指標になるのです。

3. アンケートの項目をブリーフミーティングの目標（今日のゴール）にする

　さて、BM を行ううえで重要になるのは、何を目標（今日のゴール）にするか、という点です。しかし、最初はなかなか目標を設定するのが難しかったり、どのくらい具体的で明確にすればよいか、迷ってしまったりするかもしれません。そうしたときに、まず

はここで紹介するアンケート調査を活用したBMの形を試しにやってみるのもよいと思います。なぜなら、アンケート調査結果が目標を決める手助けをしてくれるからです。

　ここでご紹介するアンケート調査結果を活用したBMのやり方では、アンケート調査の項目をそのまま目標（今日のゴール）にすることができます。アンケートの項目の中で、学級担任が気になる項目、全国平均点よりも低い項目、学校の全体平均よりも低い項目などに注目し、例えば、その項目の得点を「1」点上げることを目標（今日のゴール）とすることで、具体的な目標が立てやすくなります。また、単に目標を立てるだけでなく、採用した対応策を実施した後、しばらくして、もう一度、そのアンケート項目を子どもたちに答えてもらうことによって、実際に効果があったのかどうかを数値でも確認することができます。

4. アンケート調査結果を活用したブリーフミーティングの実践例

　実際にアンケートを実施し、そのアンケートの結果から目標を立て、BMを行った学校の例を紹介します。

　この中学校では、5月にアンケート調査を行いました。実施したアンケート項目は、西村・村上・鈴木 (2015)[1] の積極的授業参加行動尺度の17項目でした（表2）。これらの項目は、子どもたちに、授業に必要な行動として、このように振舞ってほしいという「学校が目指す目標」を反映しているものです。これらの項目に対し、子どもたちには「4.とてもあてはまる」、「3.すこしあてはまる」、「2.あまりあてはまらない」、「1.まったくあてはまらない」の4段階であてはまるものに○をつけて答えてもらいました。

　アンケート調査の結果、学校全体として、女子はほぼすべての得点が3点を超えている一方、男子は多くの項目で2点代であることが明らかになりました。また、全クラスに共通して「14　宿題や課題などの、提出物のしめきりを守っている」の平均点が低いことが明らかになりました。そこで、特に気になる項目であり、改善可能性が高いと考えられるこの項目について、校内研修会で、BMを行うことにしました。このようにアンケート調査の結果を精査することによって、「事例報告」や「質問・リソース探し」のステップの代わりとし、すでに目標（今日のゴール）がある段階でBMを始めることができました。

---

*1　西村多久磨・村上達也・鈴木高志「学校生活満足度が積極的授業参加行動に与える影響—小学生を対象として—」『学級経営心理学会』4、2015年、56-63頁

表2　授業参加行動についてのアンケート項目 (西村・村上・鈴木、2015)

1　授業中だされた課題に集中して取りくんでいる。

2　授業中、先生の話を一生けんめいに聞いている。

3　授業中にやるように言われたことは、最後までがんばってやる。

4　授業中、先生に言われたことをする。

5　黒板に書かれたことをノートにしっかりと書いている。

6　授業中、授業に関係のないことはしていない。

7　しずかに、授業を受けている。

8　授業中、良いしせいですわっている。

9　友だちの発表をしっかりと聞いて、自分の意見を言っている。

10　話しあいのとき、自分の意見を友だちにちゃんと言っている。

11　授業中、手をあげて、自分の意見を言っている。

12　友だちにたよらずに、自分の考えや意見をノートに書いている。

13　授業中にわからないことがあったら、先生に聞いている。

14　宿題や課題などの、提出物のしめきりを守っている。

15　きちんと宿題をしている。

16　授業に必要なものを、わすれずに持ってくる。

17　休み時間のうちに、次の授業の準備をしている。

　今回の場合は、カタリストがアンケートの結果を紹介し（5分程度）、「今日のゴール」を提示したうえで、「解決のため対応策」を考えました（10分程度）。それでは、実際の結果をみてみましょう（図3）。

　このように、すでに目標がある状態から始めることで、さまざまな対応策のアイデアが出てきました。BMでは今日のゴールが具体的であればあるほど、たくさんの解決のためのアイデアが生まれるのです。そして、多くのアイデアが生まれれば生まれるほど、自分のクラスでもやってみようと思えるアイデアに出合えるのです。

　BMでは最終的に当事者がやってみようと思う対応策を決定しますが、今回は、校内研修会で行ったので、先生方には自分のクラスに合うと思うアイデアを選んでいただき、自分のクラスで実践していただくことにしました。また、「次回」についても、「次のアンケート実施後」とすることで、実際にそれらの取り組みの効果があったのかについて、数値でも確認することが可能になりました。

　BMの根底にあるのは解決志向です。したがって、リソースを探し、それをいかに活

ブリーフミーティング

ルール（解決志向・守秘義務）

終了時刻　15時45分

今日のゴール　男子の「14 宿題や課題などの、提出物のしめきりを守っている」
を1点高める

解決のための対応策

・やることをプリントする／
　　　　　　ファイルにする
・提出物のチェックと
　　　　　コメントをする
・班員で確認しあう
・メモを活用する
・全体の場でほめる
・できている子に締め切り
　を守れる技を語らせる
・視覚化する（シールなど）
・宿題を減らす
　（量をみなおす）

・ルールを設定する　●
・自分たちでルールを決定させる
・提出できたかの記録を残す
・グループで責任
・リマインドの電話をする
・取りに帰らせる
・学校に居残りさせる
・連続達成できたら、お楽しみ会
・見えるところに、一覧表を張る

提出物を忘れたと
きには、帰宅後、
学校に提出しにく
る。

やっていないとき
は、やれなかった
理由を先生に話す。

次回

次のアンケートの実施後（11月）

図3　アンケート調査結果を活用した BM の例

用するかが腕の見せどころとなります。今回、アンケート結果を「今日のゴール」にして
みたところ、アンケート結果そのものがリソースということに気づきました。得点の
高い項目に注目するのはもちろんですが、視線の先にあるものが、児童生徒個人、学級、
その学級を経営している担任など、視線を変えるだけで見えてくるものがグーンと広が
りました。「課題の周辺にリソースあり」とも言われます。得点の高い項目にとどまら
ず、低い項目もまたリソースになり得るので、この視点もチャンスを見つけて活用され
るといいでしょう。

　また、今回の BM では、「14 宿題や課題などの、提出物のしめきりを守っている」の
平均得点が高いクラスの担任の先生がどのような実践をしているのか、自ら話してくだ
さいました。それが、下線が引いてある「ルールを設定する」とその横のボックスです。
これがすべてのクラスに当てはまるわけではないと思いますが、どのような実践が実際
にうまくいっているのかを聞き、同僚の先生を一つのモデルにできるという意味では、

有効な活用法であると思います。

　さらに、「ルールを設定する」の具体的な実践を聞いた他の先生が、「自分たちでルールを決めさせるともっとよい」と発言し、さらによい実践への示唆が生まれていきました。「項目の平均得点を1点高める」ことが今日のゴールでしたが、他の先生の具体的な実践を聞くことで、いつのまにか2点高めることができそうなアイデアも生まれていきました。

5. 目標（今日のゴール）にするアンケート項目の選び方

　この方法でBMを行う際、どの項目を目標（今日のゴール）にすればよいかと尋ねられることがあります。もちろん、アンケート調査結果を活用したBMは約15分といった短時間で実施可能ですので、複数の目標を立てることも可能ですが、同時に多くの目標に対応することは現実的に難しいと思います。

　そうしたときに、ふりかえっていただきたいのが、学校全体を対象にする際には、学校目標や学年目標であり、クラスを対象とする際や個人を対象とする際には、クラス目標です。学校目標や学年目標、そしてクラス目標とアンケートの項目を見比べて、これが大事であるという項目こそが、その学校にとって重要な項目なのだと思います。基本的には、「具体的な行動を測定しているアンケート項目」を選ぶといいでしょう。項目が具体的であればあるほど、改善可能性が高く、解決のためのアイデアもたくさん出てくると思います。項目があまり具体的でない場合は、ゴールメンテナンスが必要になるかもしれません。

　日ごろから私が研修会でお勧めしているのは、「変化を起こしやすい項目」です。変化を起こすことを前提に選んでいるわけですから、参加者はすでに変化を起こすための方法を知っているはずです。さらに、変化の起こしやすい項目の場合、プラスの変化が起きたとき、誰もが実感できるからです。これは、普段から学級の様子や子どもたちの様子を見ている（アセスメントできる）先生方だからこそ選ぶことのできる項目です。少しがんばればプラスの変化が起き、それに気づいた先生方からすかさず「お〜、最近○○ができるようになったねぇ〜」といった承認の言葉かけをしてもらえれば、子どもたちの行動は強化されていきます。

6. アンケート調査結果を活用したブリーフミーティングのバリエーション

この方法は、例えば、学級満足度尺度や学校生活意欲尺度（Q-U：河村、1998；1999）[*2]、ソーシャル・スキル尺度（hyper-QU：河村、1998；1999）など他のアンケート調査の結果などにも応用することもできます。また、ここで紹介したのは学校全体でのBMでしたが、アンケート調査結果の形次第では、学年やクラスというレベルで行うことも、個人というレベルで行うことも可能です。

アンケート結果を精査して目標を決める、ということをしているうちに、「今日のゴール」の立て方のコツや「事例報告」でどのようなことを話すとよいのかがわかってくると思います。そうすれば、アンケート結果がなくとも、BMで「いま、気になっていること」を自在に検討することができるようになるでしょう。

（村上）

注）本節は、村上達也「学級づくりに生かすブリーフミーティング—アンケート調査の項目をゴールに設定—」鹿嶋真弓・石黒康夫編著『30分でスッキリ！ブリーフミーティング』図書文化社、2019年、92-94頁を加筆・修正したものである。

[*2]　河村茂雄『たのしい学校生活を送るためのアンケート「Q-U」実施・解釈ハンドブック（小学校編）』図書文化社、1998年
　　　河村茂雄『たのしい学校生活を送るためのアンケート「Q-U」実施・解釈ハンドブック（中学校編）』図書文化社、1999年

ブリーフミーティング
研修会の進め方

「30分でスッキリ！ブリーフミーティング ―みんなを幸せにする会議」

　本書をお読みになって、「ぜひ、教育現場でやってみたい。でもその前に実際にブリーフミーティングを体験してみたい」――そう思われた方は、ぜひ TILA 教育研究所主催の研修会にご参加ください（研修会の場所・日程等はホームページ http://tila.main.jp/ よりご確認ください）。

　「一人で研修を受けて学校の教職員にレクチャーするには年季が必要。いっぺんにみんなが研修を受けられるといいのですが」――こんな声も聞かれます。すでに、ブリーフミーティングの研修会を実施している教育委員会等もあります。ここでは、高知市教育委員会の取り組みをご紹介します。

ブリーフミーティングの研修会の枠組み・流れ（全140分）

①	理論編	30分	ブリーフミーティングの理論を学ぶ（レクチャー）
②	観察	30分	実際の会議を見る（モデルに学ぶ）
		10分	ふりかえり
③	役割決め	15分	調整準備
④	体験編	30分	ブリーフミーティングを実際に体験する
⑤	ふりかえり	5分	グループシェアリング
		5分	全体シェアリング
⑥	質疑応答	15分	参加者の質問に講師陣が答える

百聞は一見に如かず　百見は一考に如かず　百考は一行に如かず

　上記の「②観察」の意義は、モデルに学ぶことにあります。剣道でいう見取り稽古のイメージです。そして何よりも、実際に体験することが大切です。

　理論を聞くだけでなく、実際にモデルを見てみないとわかりません。さらに、自分でその意義について考え、実際に行動（体験）してみて、はじめて成果を実感できるのです。

　このプロセスを踏むことで、幸せや喜び（やってよかった・人の役に立ててよかった）を感じることができます。やがて、自分だけではなく、みんな（事例報告者・参加メンバー）の幸せを考えることができるようになります。

ゆえに、ブリーフミーティングのプレゼンの表題は、「30分でスッキリ！ブリーフミーティング」。副題として「みんなを幸せにする会議」となっているのです。では、実際に行われた研修会の流れをみていきましょう。

時間	流れ	進　行
14：00	理論編 **30分**	・「30分でできるブリーフミーティング」の理論と方法について（講師）
14：30	モデル会議 **30分**	・正面舞台にてモデル会議実施 　事前にメンバー（役割を含む）8名を決めておく 　（ブリーフミーティングをやったことのあるメンバーで実施）
15：00	ふりかえり **10分**	・事例報告者、メンバー、カタリストの順にふりかえり
15：10	役割決め 調整・準備 **15分**	・グループづくり 　（例：参加人数120名・1グループ8名・15グループの場合） 　メンバーを確認してから休憩 　（パワポで会場図および手順を表示する）

研修会場のイメージ

用意するもの
・ホワイトボード（またはホワイトボードの代わりとなる模造紙等）をグループの数
・カタリスト虎の巻（142頁参照）
・役割名（カタリスト・記録等）の書かれたカード（首からぶら下げる）

図1　会場全体図

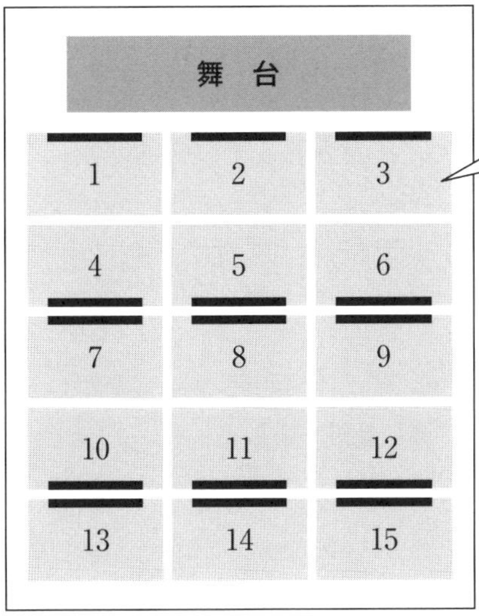

図2　グループ内の配置図

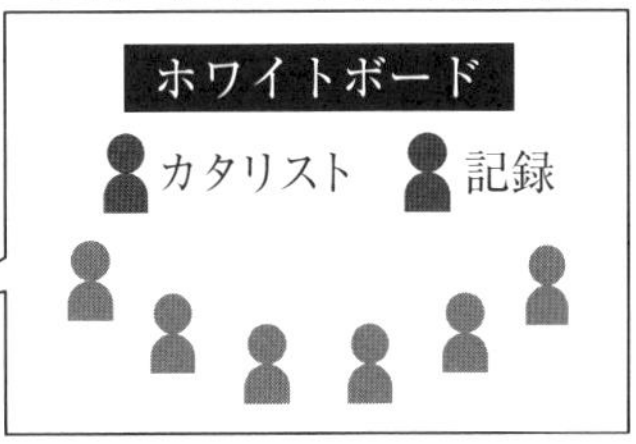

注意事項：
・グループの間隔をあける。
・会議に集中できるよう、ホワイトボードの配置場所を工夫する。
例）各グループが、左図のようにホワイトボードを配置するなど。

●インフォメーション（例）

司会「ベンジャミンフランクリンの言葉に≪言われたことは忘れる。見たことは覚える。当事者になったら学ぶ。≫という言葉があります。本日はブリーフミーティングの考え方を知っているという状態から一歩進んで、当事者として体験してみませんか。ここは、主体的に学ぼうと思った方々が参加をされているお得な会です。年齢も関係ありません。先輩がとか後輩がとかも関係ありません。カタリストを体験してみる、事例報告者を体験してみる絶好の機会です。残念ながら15グループですのでそれぞれ15人しか体験していただけませんので、やってみようかな？と思われる方は、どうぞご遠慮なく意思表示をされてください。カタリスト希望の方には虎の巻をさしあげます。セリフが書いてありますので、それを見ながら体験してもらって構いません。事例報告者の方は、準備は必要ありません。そのほうが、周りの方からの質問により、解決の糸口が見えてくることがあります。」

＊カタリスト・事例報告者・記録者は、カードを首にかけていただく。
＊カタリスト役に虎の巻を渡す。

15：25	体験編 30分 ▼	**司会**「それでは各グループの皆さん、手元の時計や前の時計を見ながら進めてください。本日は事例報告の 5分 、リソース探しの質問 10分 、ラストのブレーンストーミング 10分 を前のスクリーンでお知らせします。解決志向でどうぞ始めてください。15：55が終了の時刻となります。体験ですので、今回は時間がきましたらふりかえりに入らせていただきます。カタリストは、進行をよろしくお願いいたします。」 グループごとにブリーフミーティングを始める。 講師およびスタッフは必要に応じて介入する。
15：55	ふりかえり・グループで 5分 ▼	**司会**「それでは終了予定時刻になりましたので体験はそこまでとしましょう。いまの体験を今後に生かすためのふりかえりを始めます。次の項目についてふりかえりをお願いします。（以下の項目をパワポで表示）」

○カタリスト役はどうであったか
○解決志向が理解できたか
○参加してみて気づいたこと
　・何があれば自校でもできるか（時間・場所・人等の資源？）
　・解決志向で参加できたか
　・ブレーンストーミングのときに、他の意見になるほどと思えたか（対応の引き出しが増えたかどうか）

16：00	**全体で** 5分 ▼	**司会**「それでは、全体で共有をしたいと思います。『グループでのふりかえりをぜひ伝えたい』という方は指で5を。『伝えてもいいかな』という方は4を。『誰もいなければ伝えてみよう』という方は3を。『全体で話すのは苦手だけど伝えることは何とか可能』という方は2を。『全体で話すのはパスしたい』という方は1を挙げていただけますか。どれにするか、自己決定されましたか？それでは、「せ～の」と言いますのでよろしくお願いします。『せ～の、どうぞ！』」
16：05	**質疑応答** 15分	
16：20		

（2018年度　第37回高知市夏季教職員研修、教育相談、第7分科会　進行表を参考にアレンジ）

（鹿嶋）

Column 4

学校と専門家がタッグを組んだチーム支援を！

　近年、私たち教師が直面している、学校における児童生徒指導上の課題は、より一層の困難度を増しています。まず、表1から表3をご覧ください。これは、文部科学省の令和元年度「児童生徒の問題行動・不登校等生徒指導上の諸課題に関する調査結果について」を元にしたものです。

表1 学校の管理下・管理下以外における暴力行為発生件数の推移

	H27年	H28年	H29年	H30年	R 1
小学校	17,078	22,841	28,315	36,536	43,614
中学校	33,073	30,148	28,702	29,320	28,518
高等学校	6,655	6,455	6,308	7,084	6,655
合計	56,806	59,444	63,325	72,940	78,787

表2 いじめの認知（発生）件数の推移

	H27年	H28年	H29年	H30年	R 1
小学校	151,692	237,256	317,121	425,844	484,545
中学校	59,502	71,309	80,424	97,704	106,524
高等学校	12,664	12,874	14,789	17,709	18,352
合計	225,132	323,143	414,378	543,933	612,496

表3 不登校児童生徒数の推移

	H27年	H28年	H29年	H30年	R 1
小学校	27,583	30,448	35,032	44,841	53,350
中学校	98,408	103,235	108,999	119,687	127,922
合計	125,991	133,683	144,031	164,528	181,272

　ご覧いただいておわかりになるように、学校管理下における暴力行為発生件数、いじめの認知件数、不登校児童生徒数ともに、合計を見るとこの5年間で、ほぼすべて増加の傾向にあります。暴力行為では、中学校で若干の減少も見られますが、小学校ではここ5年間でおよそ3倍に増加しています。

　こうした課題は、最近言われていることではありません。以前からも大きな課題として私たち教師が取り組んできていることなのです。ところが、教師の必死な努力にもかかわらず、改善が見られるどころかいまだにこうした厳しい現状があります。これら子どもたちの問題行動の背景には、子どもたちの心の問題はもちろん、家庭、友人関係な

どさまざまな要因が関係しています。

　また、通常学級に在籍する児童生徒のうち発達障害の可能性があり、特別な支援を必要とする児童生徒数の割合は、6.5％という調査結果があります。さらに、「医療的ケア」を必要とする児童生徒の数も増加の傾向にあります。

　このような状況の中、学級担任や教科担任だけが、単独でこれらの児童生徒の指導や支援をしていくことは大変困難なことです。近年では、学級担任がそうした問題を一人で抱え込み、頭を悩ませた末に病休や休職になるケースも少なくありません。以前から、学校におけるチーム支援の必要性は求められており、文部科学省（2003）は、適応上のつまずきのある児童生徒を早期に見出し、定期的な会合を開き、支援していく「校内サポートチーム」と「全校的な支援体制」を有機的に機能させる「教員」の必要性に言及しています。また、チーム支援の構造や機能に焦点をあてた研究としては、家近・石隈（2003）、田村・石隈（2003）などがあります。さらに、教員を中心としたチーム支援のあり方についての研究もあります（栗原、2006）。

　いまや、学校全体で組織として、よりよい解決策を見いだし、チーム学校としてこうした課題に取り組んでいくことが求められているのです。最近では、自治体によってスクールカウンセラーだけでなく、スクールソーシャルワーカーや医療的ケアを行う看護師が配置されている学校もあります。これからの学校では、教育の専門家である教師と心理、福祉、医療などの専門家がチームとして知恵を出し合い、連携しながら児童生徒を指導援助していく体制をつくりあげることが急務となります。そこで連携のツールとなるのが、本書でご紹介しているブリーフミーティングです。短い時間でそれぞれの専門性を活かし、実効性のあるスモールステップの改善策、次なる一手を見いだすことを可能にするこの会議方法は、まさに学校をチームとして有効に機能させるための強力なツールとなるでしょう。また、ブリーフミーティングを行うことで参加者に解決志向の考え方が身につき、チームとしてより成長することも期待できます。　　　　（石黒）

【引用・参考文献】
文部科学省「今後の不登校への対応の在り方について（報告）」2003年
家近早苗・石隈利紀「中学校における援助サービスのコーディネーション委員会に関する研究─A中学校の実践をとおして─」『教育心理学研究』51、2003年、230-238頁
田村節子・石隈利紀「教師・保護者・スクールカウンセラーによるコア援助チームの形成と展開─援助者としての保護者に焦点を当てて─」『教育心理学研究』51、2003年、328-338頁
栗原慎二「学校カウンセリングにおける教員を中心としたチーム支援のあり方─不登校状態にある摂食障害生徒の事例を通じて─」『教育心理学研究』54、2006年、243-253頁

教師の力量を高める ブリーフミーティング

1. 目のつけどころは『変化』を起こすこと

　私たち教育者は、子どもの未来のあるべき姿をイメージしながら成長を支えるという、とてつもなく大きく漠然としたことを目的に日々教育活動を行っています。『成長』したことはすぐには目に見えないかもしれませんが、子どもたちは日々変化しています。つまり、私たちは子どもたちに「変化を起こすこと」を日々のなりわいとしているのです。

　BMでは、膠着状態となり、解決の道筋が見えにくくなっているケースについて「どんな変化が起これ ばいいのか」を考え、そのために役立つ「次なる一手」をメンバー全員が大きな一つの脳になって考えます。

　BMを行うことで、会議だけではなく、毎日の生活でも『変化』を起こすことを意識し、『変化』に気づけるようになります。

2. 本当に30分で会議が終わるの？ ～ブリーフミーティングが定着するまで～

（1）きっかけ

　『はじめに』（4～5頁）にあるように、私たちがBMを始めたのは、佐藤節子氏の「解決志向のホワイトボード教育相談」の研修会に参加したことがきっかけです。メンバー全員がホワイトボードに集中して情報を共有し、設定されたゴールを達成するために、わずか30分で解決策が次々と出されていく様子はまさに目からうろこでした。「これはやらなきゃ損」というワクワクした思いで高知に帰ってきました。

（2）原因を追及する発言やメモをとる姿に落ち込むことなく

　さっそく当時勤務していた中学校で学んできたことを紹介し、毎週定例で開かれている「不登校支援委員会」と「生徒指導委員会」の50分の会議の中の30分を使ってやり始めました。しかし、最初からうまくいったわけではありません。全員がすぐに『解決志向』にすんなりと馴染めたわけではなく、最初は「どうしてこの生徒はこんなになって

しまったのだろう」とか「この保護者はどうしてこんな考え方をするのかな」など、原因を考えようとする発言もありましたし、うつむいて手元のノートに一生懸命メモをとるメンバーの姿も度々見られました。

　また、30分という時間の枠が意識されていなくて、いままでの支援会議のように、メンバーの一人が多くの時間を使って話をするということもありました。そんなときは、進行役を務めていた私が、やんわりと「時間は有限」であることを伝えたり、話を短くしてもらうように促したり、タイマーやストップウォッチなどを使って視覚的に時間の管理を行ったりもしました。その頃の会議の様子を撮影した写真を見てみると、うつむいてメモをとっている姿や、腕を組んでしかめっ面をしているメンバーの様子などが写っていて、当時の状況がよくわかります。

　このように最初は、研修会で体験したときのようにスムーズにいかなくて悩むこともありましたが、「この会議のよさをわかってもらうためには、慣れてもらうしかない」と思い、毎回必ず終了時刻とルールを確認することと、具体的なゴールを設定することを心がけてやり続けました。

（3）参加意欲が高まり、定刻に会議を開始する習慣が定着

　前述のようにすぐには思っていたような会議にはなりませんでしたが、徐々にメンバーの様子に変化が見え始めました。その要因の一つが、情報がホワイトボードに「見える化」されていることにあると思います。

　いままでの支援会議では記録は一元化されておらず、各自が自分の手元にある支援シートなどの記録用紙に、それぞれが大事だと思ったことをメモしていました。しかしBMでは、ホワイトボードに会議の流れと時間の書かれたプレートが貼られていて、そこにメンバーの発言が次々と書き込まれていきます。全員が同じ情報を共有することができ、目の前にある課題に集中して考えをめぐらせることができます。

　さらに、自分の言ったことがホワイトボードに記録されたり、「決定する」場面で、自分が提案した対応策が選ばれたりしたときなど、自分そのものが大切に扱われているという気持ちになることがわかりました。それにより、メンバーの自己肯定感が上がり、同時に参加意欲が高まって、ルールに従って解決志向で会議に参加しようとする態度が見られるようになりました。

　また、学校現場では急な生徒指導や保護者対応などがあって、時間通りに会議に参加できないことも度々あります。いままでは全員が揃うまで待つか、途中から参加した人にはそれまでの話し合いの内容を伝えるということを行っていました。しかしBMでは、

途中参加したときもすべてホワイトボードに記録されているので、すぐに内容がわかり、会議に加わることができます。定刻に集まれない人がいても、時間通りに会議を始めて、30分で終わるという習慣が身につきました。

　うつむいて自分だけで考える会議から、顔を上げてみんなで考える会議へと変化していったのです。

（4）具体的なゴールの設定をみんなが意識できる

　毎週やり続けていると、やがて記録をとるのをやめて、全員の顔が上がり、ホワイトボードに何が書き込まれるのかを注目するようになりました。そして、原因を追及する発言が減り、「どうなればいいのか」という解決志向の発言が増えてくるようになりました。

　同時にゴールを設定する場面でも変化が見られました。ゴールは基本的には事例報告者が設定します。最初は「登校できるようになる」とか「まじめに授業を受ける」など抽象的なものになりがちでした。しかし、他のメンバーから「そんなんじゃなくて、ゴールには回数とか時間とか数字を入れるといいんじゃない？」という発言が出るようになり、メンバーの中で自然にゴールメンテナンスが行われるようになりました。

　また、報告者自身も「席立ちをしなくなる」というゴールを自分で言った後に、すぐ「あっ、ゴールは否定形ではなく肯定的な表現のほうがいいんですよね」「じゃあ、授業最初の10分間は自分の席で授業を受けることができるにします」と、自分でゴールメンテナンスができるようになってきました。

　ゴールが具体的になると、それまで出にくかった対応策も、「こんなのはどうでしょうか？」とか「こんなこともできるんじゃないかな」という発言が次々に出るようになりました。前の発言者のアイデアに「これも付け足すと○○さんはもっと興味をもってやるんじゃないかな」という、ブレーンストーミングならではの発言も増えてきました。そしてメンバーからの「おもしろいね！」とか「なるほど」などの声に後押しされて、経験年数に関わらずいろんなアイデアが出てくるようになりました。

　いつの間にか、メンバーは原因を追及しようという姿勢から、スモールステップのゴールを目指して、まずはできそうなことをやってみるという脳のクセが身についていることを実感しました。

3. 現場で行うことの有効性

（1）メンバー全員が「自我関与」することで達成感がある

　学校で毎週やってみて感じたことの一つに、BMで味わう「達成感」があります。これはいままでの支援会議では味わうことのなかった感覚です。この「達成感」は、BMの魅力の一つである「自我関与」からくるものだと思います。いままでの支援会議では、事例が自分の知っている（あるいは関わっている）ケースであっても、あくまでも事例報告者の事例であり、自分の手元に引き寄せて考えることはありませんでした。

　しかしBMでは、まったく知らない事例であっても、自分の意見がホワイトボードに記録され、自分の提案した対応策が選ばれることで、いつの間にか話し合いにのめり込み、報告されている事例がまるで自分が報告しているかのように思えてきます。このようにBMでは「自分事として考える」ことができるからこそ、30分が経過して、事例報告者が「これをやってみます」と語っている様子を見たときに、心地よい疲れと「自分もよくやった」という満足感を味わえるのだと思います。

（2）BMはメンバーにも『変化』を起こす

　BMでは「カタリスト」が進行役を務めますが、BMでの「カタリスト」の役目は、会議を進行するだけではなく、「変化を起こす」ことです。報告された事例について、メンバー全員がイメージできるような小さな変化を起こすことを意識することが求められます。しかし私はBMで重要なのは、報告された事例の変化だけではなく、「メンバーの変化」ではないかと思っています。

　「変化」というとわかりにくいかもしれませんが、簡単にいうと「気づき」です。BMの30分の中で、メンバー自身が得た「気づき」が、人や教師としての在り様に「変化」を与えるきっかけとなっているのではないかと思っています。

　前述のように、本校でも最初は原因を追及するような発言があり、うつむいて記録をとる姿もあるといったスタートでした。また「質問・リソース探し」や「対応策」を出す場面で、何を言えばいいのかわからなくて戸惑うような表情を浮かべているメンバーもいました。

　私はこのような雰囲気を変えることができたのは、メンバー一人ひとりの「教師である」という自負ではないかと思っています。会議の中で質問や対応策が思うように頭に浮かばない自分の姿にはたと気づき、さらに他のメンバーの発言を聞いて、「こういうようにやればいいのか」というモデルを見つけることができたのではないかと考えてい

ます。BM という会議の場が自分の在り様を俯瞰して、思考や行動を変えるきっかけになり、この「気づき」がメンバーの成長につながっていると信じています。

（3）出された対応策をとことん使うツールの開発

　BM では具体的な対応策がたくさん出されます。その中には、事例報告者だけでなく他のメンバーも「やってみたい」と思うような対応策が数多くあります。しかし『決定する』場面で事例報告者が選ぶのはあれもこれもではなく、「今日からでもすぐにやってみたいこと」なので、ホワイトボードに書かれている対応策すべてが選ばれるわけではありません。

　「もったいないな。せっかくこんなにたくさんの対応策が出されているのに、これを無駄にせずに使える方法はないかな」との思いから誕生したのが「フォローアップシート」です。これは、出された対応策を無駄にせずにとことん使うことができると同時に、「蓄積データ」の考え方も含まれていて、自分の指導行動をふりかえることができる優れものです。詳しい活用方法は、132頁に記載されていますので、ぜひそれをご覧ください。

　このシートは、対応策をやりっぱなしにするのではなく、実際にやってみてどうだったのかをふりかえり、「うまくいったことは続ける」「変化が見られない。あるいは、うまくいっていないのであれば、何でもいいから違うことをやってみる」という SFA（Solution Focused Approach）の考え方に従って考えることができるようになっています。

　しかも、「何でもいいから違うことをやってみる」際の「違うこと」がすでに目の前のシートに数多く載っているのです。そうです！「フォローアップシート」には、ホワイトボードにたくさん書かれていた対応策で「決定する」場面では選ばれなかったものが書かれているので、今度はその中から選んで「違うこと」をやってみることができるのです。

　まさに「使えるものは何でも使う」「いままでやってきたことを無駄にしない」の精神です。

4. 理論と実践の一体化　～研修会に参加する意義～

（1）形だけやるのでは意味がない

　BM の使い勝手のよさと効果的効率的な会議の方法であるということが広まり、「私も職場で BM を実践しています」という話をよく聞くようになりました。ところが実

際にその様子を詳しく聞くと、中には「30分でできる」という部分だけがクローズアップされ、BMの基になっているブリーフセラピーの考え方が理解されていないままに形だけを真似してやっている職場があるということがわかりました。

BMが30分で会議が終わって、具体的な対応策まで決定することができるのは、時間の枠を設定しているからではなくて、事例報告者とカタリストとメンバーが一体になって、「小さな変化を起こす」ための話し合いになっているからなのです。BMを実践してみたいと思っている人には、形だけ真似るのではなくて、まずは理論をきちんと学んだうえで始めることをお勧めします。

（2）理論を学ぶことで一貫性のあるBMができる

BMに限ったことではありませんが、私たちはついつい技法に目を奪われてしまい、理論を学ばずして実践していることがよくありがちです。しかし理論を学んでおくと、いざというときや途中で行き詰ったときにも思考や行動がぶれずにすみ、一貫性が生まれます。

例えば、最初にBMの理論を学んでいれば、「質問・リソース探し」でなかなか意見が出にくいときも、「質問・リソース探し」がBMではどのような意味をもつのかが理解できているので、メンバーに対して適切な介入の発言をすることができます。しかし、理論を学んでいなければ「何か質問はありませんか？」とか「他にこの子どものリソースはありませんか？」という発言にとどまり、メンバーに気づきは起こらず時間だけが経過していくということになりかねません。

ゴールの設定でも然りです。理論を学んでいれば、どのようなゴールを設定することが望ましいかがわかっているので、具体的で、これならできそうと思えるゴールを設定できるようにみんなで知恵を出し合うことができます。

メンバー全員でなくても複数の人が理論を学んでおくことで、ブリーフセラピーの理論に基づく一貫性のあるBMを行うことができます。

（3）理論と実践が一体化しているTILAの研修会

TILAの研修会では、毎回最初にBMの理論について参加者が学んでいます。初めて参加する方にとっては、すべてが新たな学びです。またリピーターの方にとっても、同じ内容ではあっても「うちの学校ではこの部分がまだ不十分だな」とか「ここが意識できていなかった」などの気づきが起こります。

その後実際にBMを行った後、「事例報告者」「カタリスト」「参加者全員」によるふ

りかえりを行います。

　事例報告者の感想では「もうどうしようもないと思ってあきらめかけていたケースなのに、明日からすぐにやってみたいと思える対応策をいくつも出してもらって、目からうろこが落ちるような体験でした。ありがとうございました」という、BMをやったことの結果に対しての感想が多く語られます。

　またカタリストは、「初めてカタリストを体験しましたが、『カタリスト虎の巻』が手元にあったので、この通り読み進めることで私でもできて驚いています。ぜひ、勤務している学校でやってみます」という、体験してよかったという感想を話してくれます。

　この後、参加者全員のふりかえりと質問を行いますが、ここでの発言がとても大きな意味があると思っています。それはなぜかというと、研修会の冒頭で行った「理論」に照らし合わせた意見がたくさん出るからです。理論で学んだことが、実際のBMではどのように展開されているかを目の当たりにして、新たな気づきや素朴な疑問が生まれ、それをみんなで共有することで、全員が理論に立ち返ることができます。

　理論を学んでいなければ、表面上会議がうまく流れたかどうかにだけ目がいってしまいがちですが、理論を学んでいれば、いつ誰がやっても同じようにBMができるようになるためには何が必要なのかということを大切にしたふりかえりを行うことができるのです。

　BMはまさに「百聞は一見に如かず、百見は一考に如かず、百考は一行に如かず、百行は一果に如かず」です。丁寧に繰り返し理論を学んでから実際に体験したからこそ、得られる気づきや疑問の重要性に私たちも新たな気づきを得ています。

5. さいごに　～校長室のホワイトボードはBM用～

　「校長先生、来週はこの子についてBMやりましょう！」と変化を起こすことを楽しめる教員が増えてくることで、会議の場面だけではなく日常の中でも解決志向が身についてくることに気がつきました。職員室での会話もその一つです。以前は子どもたちのことについて話しているときに「あの子は○○だから○○できないんだ」とか「あの家は○○だから困っている」という会話が多く聞こえてきて、職員室の空気が重くなることがありました。しかし、BMを始めてからは、「あの子が○○できるようになったらいいなと思っているので、今度あの子の好きな○○を一緒にやってみようと思います」という、原因や問題に焦点を当てた会話ではなく、教師自身の指導や行動を変えてみようとする会話が多く聞こえるようになったのです。それと同時に、職員室での愚痴や不

満の声が減り、会話の質が上がってきました。そこには、まさに BM における三つの考え方「リソース（資源・資質）」「解決像（よりよき未来の姿）」「変化を起こすこと」を意識できる教員の姿がありました。

　私が勤務していた学校では事あるごとに BM を行っていました。その背景には、校長室のホワイトボードの片面に常時 BM のプレートを貼っていて、つねに目の触れる場所に置き、いつでも使えるようにしていたこともあると思います。子どもの課題についてだけでなく、学級経営で困っているときや研究を推進するうえでの課題など、困りごとを解決したいと思ったときには、どんなことでも BM を活用するようにしていました。

　ホワイトボードに困っていることが文字として記録されていくうちに問題が整理され、自分で解決方法に気づいていくということもしばしばありました。BM をやり続けることは子どもたちに変化を起こすだけではなく、教師の力量を高めることもできるのです。

（吉本）

Column 5

体験者からみたブリーフミーティング

教育実践に役立つ研修会

　皆さんの中には、研修によく参加される方もいらっしゃると思います。それでは、先生方が貴重な時間を使って受けた研修というのは、日々の教育実践に役に立つものはどのくらいあったのでしょうか。私の経験では、研修会が終ったあと、家に帰って一人で資料を読み返してみたら、内容は理解できても、実際に自分でやろうとすると難しかったりすることがありました。つまり、わかったつもりになっていたことが少なくありませんでした。

　TILA教育研究所のブリーフミィーティングの研修会に私が初めて参加したとき、「30分で本当に終わるの？」と思ったのですが、杞憂に終わりました。研修会が進むにつれて、「これなら自分にもできそう！」と実感することができたのです。「わかったつもり」ではなく、「こうすればいいんだ」と、具体的な方法がわかってきて、最後は「自分から進んでやってみたい」と思えるようになりました。

ブリーフミーティングに参加して

　ブリーフミーティングは、驚きの連続です。まず、メモをとる必要がありません。ホワイトボードにカタリストが参加者の発言をホワイトボードに書いてくれるからです。必要なことはホワイトボードに書いてあるので、急な仕事で遅れて参加することになっても、それを読んで途中からでも内容を把握することが可能です。

　研修会に参加された先生方と関係が築かれることも、メリットの一つです。研修会の最後には、メンバーの先生方の表情が柔らかくなり、明るくなるような印象があります。モチベーションが高められ、参加者に変化が起こる研修であるといえるでしょう。

　この研修は、メンバーからの生の事例を取り上げて、次の一手をどう打てばいいのか、その場で解決するという実践的なものでした。メンバーが意識しないといけないことは一つだけ。リソースを探すために解決志向という「メガネ」をかけて参加することでした。

　毎回、取り上げられる事例はとても頭を悩ませるようなものばかりです。話を聞くだけで、事例を報告する先生や支援に関わる先生たちの大変さがひしひしと伝わってきます。ところが不思議なことに、参加者が解決志向というメガネをかけて、事例報告者に

質問することで、「リソース」がたくさんあることに気づかされるのです。

　また、ほかの参加者の発言から、自分では気づくことができなかった視点があげられ、毎回新しい発見があります。さらに、解決不可能な過去に原因を追求しすぎる発言や、誰かを攻撃するような発言がないので、とてもあたたかな気持ちで参加することができることも利点の一つです。

　「ゴール」が設定されると、先生方の引き出しからたくさんの対応方法が出てきます。「ゴール」が具体的でスモールステップ的なものであるので、何ができるかを考えるのが楽しいのです。事例はとても難しいものであったのに、最後は気持ちが楽になれます。参加した先生方は、対応策の引き出しが増え、解決志向のものの見方ができるようになると思います。そして明日からの教育実践に役立てるために行動することができるという、一石二鳥のお得感があるのがブリーフミーティングの研修にはあると思います。

（福住）

付録

巻末資料

＊各資料は、コピーしてご自由にお使いください。

「フォローアップシート」の活用法

　BMでは、次の一手を事例報告者が選ぶことで、すぐにでも実行したいという気持ちになります。だからこそ、実行しないということがないように、うまくいったかどうかをフォローアップすることで、さらなる効果につなげることが大切です。その際に活用するツールが「フォローアップシート」です。

1．フォローアップシート活用の手順
①解決策の書き出しと自己決定
　ホワイトボードに書かれたすべての解決策をフォローアップシートに記入します。会議で出されたすべての解決策を改めて見て、会議中に選んだもの以外の方法に、チャレンジしてみようと決めたものに関して、「自己決定」欄にチェックを入れます。
②指導行動実施後の記入
　①をもとに子どもに対して行った指導行動の一つひとつについて、「誰が・いつ・どのようにやったか・結果はどうだったか」を記入していきます。結果欄には、うまくいった場合は（＋）、変化がなかった場合は（±）、うまくいかなかった場合には（－）を記入します。

　うまくいった行動は継続して行い、変化がない・うまくいかない指導行動はやめ、新たな方法を試みるのです（「蓄積データ」139頁参照）。

2．フォローアップシート活用の意義
①子どもの変化（成長）に気づく
　フォローアップシートに記入し、自分が選んだ方法をやってみたことで、子どもがどのように変化したか、あるいは変化しなかったのかをよく観察するようになります。これによって変化を意識するようになり、子どもの小さな変化にも気づき、「できたね」という認める声がけをすることができるようになるのです。
②どうすればうまくいくかを考える
　BMで出された解決方法がすべてうまくいくとは限りません。実施したタイミングや実施の方法によって変化が起きない場合やうまくいかないこともあります。ここでも解決志向で、「どうしてうまくいかなかったのか」ではなく、「どうすればうまくいったのか」を考え、やり方を変えて再チャレンジすることができます。フォローアップのBMの場で、メンバーから意見をもらうこともできます。

　前述のように、私たちは解決方法を「知っている」（認知）から「やっている」（実践）のレベルに上げるだけではなく、「うまくできている」（効果）のレベルになることをめざしているからです。

（吉本）

「フォローアップシート」

月　　日実施　　　　　　　　年　組　　氏名（　　　　　　　　　）

〈ゴール〉

〈いつまでに〉　　　　月　　日（　）までに
〈メンバー〉

※事例報告者は○で囲む

解決のための対応策

自己決定	次なる一手	誰が	いつ	どのようにやったか	結果
			/		
			/		
			/		
			/		
			/		
			/		
			/		
			/		
			/		
			/		
			/		
★ゴール達成度（何ができるようになったか）					

記入者：　　　月　　日（　）

「フォローアップシート」記入例

月　　日実施　　　　　　4年2組　　　氏名（　　B男　　　　）

〈ゴール〉　クラスのみんなが、B男のいいところを一つは言える

〈いつまでに〉　　　月　　　日（　　）までに
〈メンバー〉　　　　担任・養護教諭・学年団・音楽専科
　　　　　　　　※事例報告者は○で囲む

解決のための対応策

自己決定	次なる一手	誰が	いつ	どのようにやったか	結果
	エンジェルハート		／		
✓	「いいとこ見っけ」帰りの会 友達のよい行動を見つけ、「ありがとう」を言う	担任	〜	自由に発言⇒B男への「ありがとう」なし	－
✓	「今日のスター」帰りの会 班で順番を決めて、帰りの会で班員からその日のスターのいいところをたくさん伝える	担任	〜	B男にお手伝いをしてもらい頑張っているところをアピール	＋
	いいところ探しチャンピオン選手権大会の開催		／		
✓	アドジャン	担任養護教諭	／	B男の得意なことや好きなことをよく知っている養護の先生と一緒にシートを作成	＋
✓	係（一人一役）特活の時間 得意なことを自分で考えて決める	担任学年団	／	3クラス同時に行いB男の係を学年全体に知ってもらった	＋
✓	私の四面鏡	担任学年団養護教諭	／	B男のよさに気づいてもらえるシートを作成	＋

★ゴール達成度（何ができるようになったか）
・B男のことを言いに来る子どもの数が減り、B男のがんばっていることを報告に来る子どもの数が増えた
・B男がパニックを起こさずに落ち着いて授業を受ける時間が増えた

記入者：　　　月　　　日（　　）

「目標達成シート　〜なりたい自分になるために〜」の活用法

　解決志向の発想の前提にある、「クライエントは、彼らの問題解決のためのリソース（資源・資質）をもっている。クライエント自身が彼らの解決のエキスパート（専門家）である」。

　ここからヒントを得て作成したのが、ここで紹介する「目標達成シート　〜なりたい自分になるために〜」です。これは文字どおり、なりたい自分になるという目標を達成するためのもので、教育相談、進路相談、生活指導等で活用できます。

　BM 後の目標達成シート活用の手順は、以下のとおりです。

① BM の話し合いによって決まったゴールの説明

　BM 後に活用する場合は、すでにゴールが決まっているので、そのゴールを設定したプロセスを対象者に話し、同意を得たうえで「目標」に記入します。万が一、同意が得られなかった場合は、どうなりたいか話を聞き、設定し直します。

② 「目標達成のための構造化」欄の記入

　ここでは、「すでにできていること」と「少し頑張ればできそうなこと」の２点について、対象者の話を聞きながら記入します。

③ 「目標達成のためのステージ」欄の記入

　次に、ゴールにたどり着くためのスモールステップを対象者と一緒に考えていきます。実は、このプロセスを踏むこと自体が、すでに解決志向になっているのです。ゆえに、目標達成シートが記入できた段階で、対象者自身がゴールに向かって進みはじめていることになります。

④ 「目標達成のための蓄積データ（記録）」欄の記入

　これは、教師が自分自身の指導行動をふりかえるための蓄積データを記入する用紙です。「チャレンジ場面」には対象者が取り組んだことを、また、「エール」にはそのときの教師の対応を具体的に記入し、その結果、うまくいったら（＋）、変化がなかったら（±）、うまくいかなかったら（−）を「結果」に記入します。

　そして、＋の対応はこのまま続け、±や−については、その対応を繰り返してもよい変化は起こらないので、効果のないやり方や避けるべき状況を把握し、やり方を変えるか、まだやっていない方法に切り替えます。そのまだやっていない方法とは……。そうです。BM の『解決のための対応策』に書き出された、数多くの対応策ということです。

（吉本）

「目標達成シート　〜なりたい自分になるために〜」

年　　組　　　　　　　　　氏名（　　　　　　　　　）

目標：

目標達成のための構造化

すでにできていること	少し頑張ればできそうなこと

目標達成のためのステージ

ステージ1	
ステージ2	
ゴール	

「目標達成のための蓄積データ」（記録）

日付	チャレンジ場面	エール	結果
/			
/			
/			
/			
/			

「目標達成シート ～なりたい自分になるために～」記入例

2年1組　　　　　　　　　氏名（　　　　B子　　　　）

目標：修学旅行に参加する

目標達成のための構造化

すでにできていること	少し頑張ればできそうなこと
放課後、学級担任と約束した時間に学校に来ることができる 学級担任と学習することはできる 修学旅行を楽しみにしている 数人の友人となら過ごせる	教室以外（相談室や図書室）で過ごすこと 仲のよい友達と一緒にいること 修学旅行の事前学習に参加すること 修学旅行の係をすること 修学旅行に行くこと

目標達成のためのステージ

ステージ1	図書室で学級担任と修学旅行の見学先について旅行雑誌で調べる
ステージ2	仲のよい友達と一緒の班になって、木曜日の6時間目の総合的な学習の時間（京都での班行動の話し合い）に参加する
ゴール	クラスのみんなと一緒に中学校最後の修学旅行に参加する

「目標達成のための蓄積データ」（記録）

日付	チャレンジ場面	エール	結果
/	学級担任との約束通り18：00に登校。図書室で旅行雑誌を選ぶ	約束どおりの時間にちゃんと来られたね	＋
/	17：30に登校し、旅行雑誌で行きたいと思っている京都のお寺について調べる	たくさん調べたねぇ～	＋
		絶対行きたいところはどこ？	±
		おすすめはどこ？	＋
/	総合的な学習の時間に参加して、修学旅行の班での話し合いに参加	今日、参加してみてよかったなぁ～と思ったことは？	±
		久しぶりの教室での学習だったけど、よく頑張ったねぇ～	＋
/			

※ 本シートは62頁で紹介したBMに対応してしています。

「オーダー表　～自分の願いをかなえるために～」の活用法

年　　　組　名前

場面 誰に			
目標（なりたい姿）：			

【記入例】

年　　　組　名前

目標（なりたい姿）：修学旅行の事前学習に参加する

場面 誰に	朝起きるとき	事前学習の予定	授業中
母親に	7時に1回だけ声をかけてほしい。		
先生に		事前学習について、いつどこで何をやるのか、スケジュールを教えてほしい。	できれば仲のよい子と同じ班にしてほしい。
自分は	目覚まし時計をセットし、自分の決めた時間に起きる。	参加できそうな日を決める。	自分の分担箇所について調べ学習をする。

※ 本シートは62頁で紹介したBMに対応してしています。

●活用法

　このオーダー表は、自律性を促進させるための「自ら選択する」をヒントに作成したものです。これは、困っている子どものどこに手を差し伸べれば、一歩前に進むことができるのかを知ることができるツールです。困っている子の多くは、援助要請が苦手です。このオーダー表の活用により、いつ、どの場面で、誰に、どのような支援をしてもらえればなりたい自分になれるかを考えはじめます。そして何より、誰かに何かをやってもらうばかりではなく、自らも主体的に行動するイメージをもちやすくなります。私は、もっぱら教育相談で活用していました。

　BM後の活用では、すでにゴールが決まっているので、そのゴールを設定したプロセスについて対象者に話し、同意を得たうえで「目標（なりたい姿）」に記入します。もしも、同意が得られなかった場合は、どうなりたいか話を聞き、設定し直します。次に、自分の願いをかなえるために、どんな場面で誰に何をしてほしいか、あるいはしてほしくないかなどに、具体的に記入していきます。このプロセスを踏むことで、自分自身は、「いま何ができていて、あと何をすればなりたい自分になれるか」、メタ認知を育むことができます。

（鹿嶋）

蓄積データの活用法

　自分がうまくいっていないときに、うまくいっていないことをはっきりと認識することができれば、すぐに切りかえて「次の一手」を打つことができます。ここでは、いままで無意識であった自分の指導行動について、よい結果になったか否かを客観的に分析・評価・改善していくシステムとして、「蓄積データ」の活用法の概要を紹介します。蓄積データは、個人でも実施できますし、学校全体で行い、個々のデータを集計して職員で共有・活用することも可能です。詳しくは、『うまい先生に学ぶ実践を変える2つのヒント　学級経営に生かすシミュレーションシートと蓄積データ』（鹿嶋真弓著、図書文化社）をご覧ください。手順は以下のようになります。

①授業や生活指導、教育相談などの場面で、課題だと思われることに対して行った先生の対応（5W1H）について、具体的に記録する。

②その結果、子どもの行動がどのように変化したかを観察し、以下のように分類する。
　[うまく言った場合（＋）、変化がなかった場合（±）、うまくいかなかった場合（－）]

③②の結果ごとに共通項を分析・評価する。

④うまくいった行動は継続して行う。変化がない・うまくいかなかった指導行動はやめ、あらたな方法を試みる。

【記入例：個人対応のスモールステップ記録用紙】

3年1組　　　　　名前　Y男

◎ゴールまでのスモールステップ

課　題	忘れ物が多い。
段階1	忘れ物をしたときに、自分から言うことができる。
段階2	筆記用具を持ってくることができる。
ゴール	必要なものは持ってくる。

◎解決のヒント

1　援助要請が苦手なことが、この子の課題
2　「○○を忘れたので〜〜してもらえますか？」と言えること
3　プライドを傷つけないで援助要請の練習

◎記録用紙

ヒントNO	やったこと	反応	結果
	「次は忘れないで」と注意した。	次も忘れた。	－
	「先生」と呼ばれたら、すぐそばに行って聞く。	がんばろうとする。	＋
	忘れているな、と思っても声をかけずに、「ない人は言って」と本人のほうを向いて声をかける。	忘れたことに気づき、言ってくる。	＋
	何をするにも最初に「筆記用具はある？」と声をかけ、「筆記用具だけは」という意識をもたせる。	持ってくるようになった。	＋
	提出物など重要なものの忘れ物については、家庭連絡して協力してもらう。	持ってくる（が、本人の力ではない？）	＋
	ノートがないので、ノート代わりに書く用紙を渡した。	少し書くだけ。忘れ物も変わりなし。	±

BMで活用する技法の解説と質問のバリエーション

技法	解説
リソース探し	リソースは、良し悪しに関わらずそこにあるもの。その人の中にある力、興味・関心、もっているもの、家族、ペット、すでにできていることなどが挙げられます。私たちはリソースを探すとき、つい、よいものに目を向けてしまいがちです。しかし、リソース自体に良い悪いはありません。そこにあるリソースの山から解決像を創るのに役立つものを使うだけです。
例外探し	問題の例外を尋ねるものです。問題がなかったときや、問題があってもいまよりよい状態だったときの具体的状況を事例報告者に尋ねます。そこで見つかった例外を、すでに起こっている解決の一部と考え、そこからさらに解決を広げていくことを目指します。
スケーリングクエスチョン	最高によいとき（解決の状態）を10、一番悪い状態を0とした尺度上で、現在の状態を表現するように求めます。具体的に数値化することで、漠然とした状態を確認できます。小さな変化に目を向ける質問をします。ねらいは、1点の違いに具体的な差を見つけ、スモールステップでゴールへと近づくことです。
コーピングクエスチョン	おもに、例外が見つけられない場合やスケーリングクエスチョンで0点だった場合等に使われる質問技法です。問題解決への努力を受けとめ、どのように対処してきたかを尋ねます。できていることについて動機づけができれば、事例報告者の自己有用感を高めることができます。
ミラクルクエスチョン	袋小路に迷い込んでいる相手を力づけ、解決像を構築するために使う質問です。例えば、事例報告者から目指したいゴールがなかなか出てこない場合、解決したときの姿をイメージさせます。このとき、視覚、聴覚、嗅覚、肌感覚などすべての感覚でとらえた、解決したときの変化について考えます。本人の変化だけでなく周囲の変化も対象になりますが、これは、本人が変化しにくいときは、周囲を変化させる方法により間接的に本人を変化させるためです。
成功の責任追及	失敗や原因の責任追及でなく、本人がやれたことに対しての責任追及

技法	解説
コンプリメント	「ほめる、賞賛する」という単語本来の意味のほか、感謝する、敬意を表す、ねぎらうこと等も含まれます。他者から肯定されたり、勇気づけられたりすることで解決につなげます。

質問のバリエーション
好きなもの（こと）は？（好きな科目は？・好きなキャラクターは？） 得意なことは？ 将来の夢は？ 夢中になっていることは？
【いつも～】（～と反対のときは）どんなとき？ 例：【いつも立ち歩く子】→どんなとき座っている？ 　　【～ができない】（できていないときではなく）できているときは？ 例：【課題に取り組めない子】→課題に取り組めているときはどんなとき？　→どんな課題だったら取り組んでいた？ 　　【話が聞けない】→誰の話なら聞くことができる？ 　　楽しそうにしているときはどんなとき？ 　　どの先生とならお話しできている？
状況が最悪なときが0、解決（最高の状態）が10なら、いまはいくつ？ どのようにしてその数まで来れたの？ あと何ができれば（あれば）1あがる？ 1あがったら、どんな状態？ 1あがったら、いまとどんな違いがある？
どのようにそれを行ったの？ 何がよかったの？ どんな工夫をしたの？ なぜうまくいったの？ それは、あなたのどんな力が役に立ったの？ この大変な状況下で、どうやって対処して（生き抜いて）こられたの？ どうやってもっと悪くならないようにやってこられたの？
すべてが解決したときあなたはどんな表情をしている？ すべてが解決したときあなたはどんな行動をしている？ 周りの人はどんなふうにふるまっていると思う？ それをもっと具体的に言うと？ （→その中から最初の一歩を一緒に考えてみましょう）
どうやったらうまくいったの？ 何をしたらできるようになったの？

質問以外のバリエーション
これまで頑張ってこられたのですね。 いろいろと工夫されているのですね。 それは素晴らしい。 へぇ～ おお！

【教師用：カタリスト虎の巻】

「これからブリーフミーティングを始めます。本日のカタリストを務めます
『　　　　　　』です。よろしくお願いします。本日の事例報告者は
『　　　　　　』さんです。」

会議の流れ	カタリストの台詞
ルールの確認 （解決志向） （守秘義務）	「最初にルールの説明をします。なぜこんなことになったかの原因探しではなく、『どうやったらうまくいくか』より『うまくいったときにはどのようなことが起きているか』といった具体的な行動レベルで考える解決志向でお願いします。なお、この会議で知り得た個人情報については守秘義務の対象になります。」
終了時刻の確認	「会議時間は30分間なので、終了時刻は○時○分です。」
事例報告 （5分）	「では、○○さん、最初に事例報告を5分でお願いします。いま一番困っていることから話してください。」 **カタリストの介入セリフ例**（事例報告が5分で終わらない場合） ・時間になりましたので、いったん報告はここまでにしましょう。言い足りない情報やもっと聞きたいと思うことについては、この後の質問・リソース探しのときに補っていきましょう。
質問・リソース探し （10分）	「これから質問・リソース探しに移ります。リソースとは、すでにできていることやその人の資源のことです。なぜこんなことになったかという原因探しではなく、どうやったらうまくいくか、うまくいったときにはどのようなことが起きているかといった、具体的行動レベルで考える解決志向でお願いします。では、どなたからでもどうぞ。」 **カタリストの介入セリフ例**（メンバーからの質問を促す） ・ここでは、次の「解決のための対応策」のヒントになるようなリソースについて質問があるといいですね。 ・次の「解決のための対応策」のためのネタ集めのつもりで使えそうなものを探ってみてください。 **カタリストの介入セリフ例**（メンバーから質問が出なかった場合） ・この子が話しやすい人（先生）は？ ・うまくいっていることはどんなことですか？ ・本人はどうしたいと思っているのでしょう？ ・○○さんが得意（好き）なこと（教科）はなんでしょうね。 ・○○さんの夢はなんでしょうね。
「今日のゴール」の 設定	「今日のゴールを決めたいと思います。（事例報告者の）○○さんのイメージするゴールを教えてください。」

	 カタリストの介入セリフ例（ゴール設定のコツについて） ・今の状態よりほんの少しよい状態になっていることを目安とすると？ ・具体的で目に見える行動レベルで考えるとどうなりますか？ ・「○○しないで」ではなく「○○している」に言いかえると？ ・「いつまでに何々が何回（何分）できるようになる」といったように数字を入れるとすると？ **ポイント**　「解決のための対応策」が思うように出てこない場合は、さらなるスモールステップを考えて、ゴールメンテナンスを行うとよいでしょう。
解決のための対応策	「ここでは、**ブレーンストーミング**です。変化を起こすための案をできるだけたくさん出してください。大きな変化である必要はありません。小さな変化で構いません。質より量です。いままでにやったことのないこと、考えたこともなかったこと、思いもよらないことなど、大歓迎です。他の人のアイデアに自分のアイデアをプラスしても OK です。」 **カタリストの介入セリフ例**（こんな発言があったら……） ・原因は親だからね／ADHD だからねぇ～ 　→「○○さんができることを考えてみましょう。」 ・この子はいつもそうなのよね…… 　→「そうでないときはどんなときですか？」 ・先生方の理解をもらうのはむずかしいかな 　→「どんなことなら受け入れてもらえるでしょうね。」 ・やってあげたくても、忙しくて時間がないのよね 　→「時間がない中でもできそうなことはどんなことでしょう？」 ・誰とも話さないから…… 　→「この先生なら話せるという先生はいますか？」 ・どの教科もついていけないくらい学力が低いから～ 　→「その中でも好きな教科は何でしょう？」 **ポイント**　ブレーンストーミングとは、A.F. オズボーンが最初に用いたとされるアイデア会議の手法です。ブレーンストーミングを行うための４つの原則（ルール）があります。 ①アイデアの良し悪しを判断しない ②自由奔放を歓迎する ③意見の量（数）を求める ④他人のアイデアとの結合を求める
決定する **（事例報告者）**	「では、事例報告をしてくださった○○さん、皆さんからたくさん出していただいた中で、『やってみよう』と思うことを決めてください。（いくつでもかまいません。）」
事例報告者の感想	「事例を報告された○○さん、今日のブリーフミーティングはいかがでしたか？」
次回開催日等の確認	「次回は○月○日○曜日、○時○分から行います。」
デジタルカメラ等で **撮影**	「では、最後に記録をデジタルカメラで撮影してください。これでブリーフミーティングを終了します。」

【生徒用：カタリストマニュアル】
学級づくりブリーフミーティング

 「いまから『学級づくりブリーフミーティング』を始めます。

本日のカタリストを務めます『　　　　　　』です。よろしくお願いします。」

会議の流れ	カタリストの台詞
ルールの確認 （解決志向）	「最初にルールの説明をします。学級で起こっている問題やみんなと一緒に解決していきたい課題について、『なぜこんなことになったか』といった原因探しをするのではなく『どうやったらうまくいくか』『どんなことをすればいいのか』など、○年○組に変化を起こすための方法をみんなで考えたいと思います。」
終了時刻の確認	「会議時間は30分間なので、終了時刻は『　　　　　　』分です。」
学級の現在地 （5分）	「最初にいまの学級の状態について、問題だと思うことや気になること困っていることについて出してください。」 （ここは個人でも班で考えてもよいです。大切なことは、全員が自分事として考えることができるようにすることです。）
リソース探し （8分）	「それでは、これからはリソース探しに移ります。 リソースとは、すでにできていることやいまある資源のことです。 ○年○組のよいところや頑張っていることについて出してください。」 **カタリストの介入セリフ例**（意見が出なかった場合） ・うまくいっているところはどこですか？ ・他のクラスに自慢したいところは？ ・○年○組でよかったと思うときはどんなときですか？
今日のゴールの設定 （班で2分） （学級で2分）	「それでは、今日のゴールを決めたいと思います。 今日のゴールとは、『いつまで』に『どんなことができるようになっているといいか』について具体的に目に見える行動のことです。 ここは、自分の考えを班で出し合って決めていきましょう。」 **カタリストの介入セリフ例**（意見が出なかった場合） ・いまの状態よりほんの少しよい状態になっていることを目安に考えると？ ・具体的にどんな行動が増えるといいと思いますか？ ・「〜をしない」「〜をやめる」ではなく「〜をする」「〜ができるようになる」と言いかえると？ ・「〜を○回できるようになる」など数値や回数をいれるとしたら？

解決のための対応策 （8分）	「ではいまから、ゴールを達成するための方法をみんなで考えたいと思います。ここでは、質より量です。 とにかく変化を起こすための方法をできるだけたくさん出してください。いままでにやったことのないことや、考えたこともなかったこと、みんなが楽しみながらできることなど、大歓迎です。こんなこと言って恥ずかしいかなと思うようなことこそ変化を起こすきっかけになります。遠慮せずにどんどん出してください。」 <table><tr><td>こんな発言があったら</td><td>カタリストの介入セリフ例</td></tr><tr><td>●うちのクラスはいつも○○だからね……</td><td>○○じゃないときはどんなときですか。</td></tr><tr><td>●先生が許してくれるかな</td><td>どんなことなら先生は許してくれるでしょうね。</td></tr></table>
決定する	「では、たくさん出た中で、「やってみよう」と思うことを決めていきたいと思います。 いくつでもかまいません。意見を出してください。」
ゴールと対応策の確認	「今日のブリーフミーティングのゴールは『　　　　　　』でゴールを達成するためにみんなでやることは『　　　　　』です。 さっそく取り組んでいきましょう。」
次回開催日の確認	「次回は○月の特別活動の時間に学級づくりブリーフミーティングを行いたいと思います。」

これで「学級づくりブリーフミーティング」を終了します。皆さん、お疲れ様でした。
デジタルカメラで撮影する。

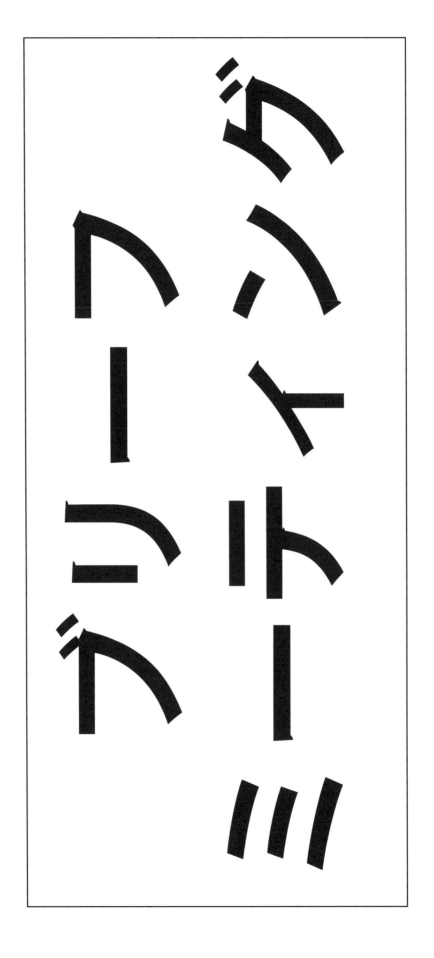

ルール（解決志向・守秘義務）

「家歌曲了楽

し探マスー

質問同

リンン

今日の目的

⑥

のための新しい学校教育

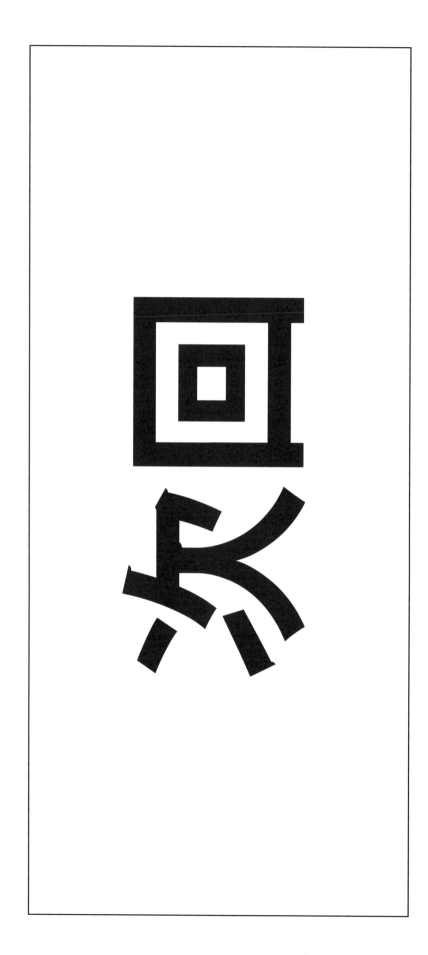

学級の現在地や

おわりに

　本書を手に取り、最後まで読んでくださり、ありがとうございました。

　BMについてより深く理解していただけるために、私たちがお伝えし続けていることの一つが**「変化を起こすこと」**でした。実は、皆さまがこの本を手にした瞬間、その変化はすでに起きていました。変化が起こるということは、何かが変わるということです。

　小さな変化は大きな変化を起こします。「会議をやっても変わらない」のではなく、（極端な言い方かもしれませんが）もしかしたら、私たちは気づかないうちに、会議をやっても変えようとしてこなかったのかもしれません。変化はこれまでとは違う世界への扉です。BMを体験すると、日常の中の小さな変化を感じるセンサーも磨かれていきます。また、自ら変化を起こす技も身についてきます。私たち教師にとって、こうしたセンサーや技を身につけることは、一生の宝となります。

　日常的にBMを行っている学校では、校長室や会議室のホワイトボードの裏面にBMのプレートが貼られています。困ったとき、ちょっと仲間の知恵を借りたいとき、気軽に声をかけ合いながら、BMを始めることができます。このようにBMをやり続けることで、課題解決はもちろん、子どもたちにプラスの変化を起こし、なんと教師の力量をも高めることができるのです。

　私たちの恩師、國分康孝先生は、人と対峙する職業の人は、定期的にスーパーバイズを受けることの重要性を教えてくださいました。自身の思考・行動・感情の癖を知ること（セルフモニタリング）で、修正（セルフコントロール）することができるからです。

　学校現場のさまざまな課題には答えがありません。その答えのない課題に対して、私たちはつねに納得解を探し求めています。納得解を得るには、情報が必要です。BMの方法のブラッシュアップについても同じです。月1回のBM研修会（TILA教育研究所主催）では、30分の会議終了後、必ず「ふりかえり」、「質疑応答」、「アンケート」を行っています。ふりかえりでは、事例報告者・記録者・カタリスト・参加者の順に、感じたこと、気づいたことを自由に語り合います。このふりかえりにより、自身の思考・行動・感情と向き合うことができます。質疑応答では、BM中の疑問点や、自分が実施するうえでのテクニカルなことについての質問が飛び交います。時間にしてわずか10分足らずですが、TILA教育研究所では、この時間を大切にしています。

　BMは、日本教育カウンセリング学会第14回研究発表（山形）大会のミニ研修会で、佐藤節子氏が行っていた「解決志向のホワイトボード教育相談 −チームで行う効果的・

効率的、そして楽しい教育相談−」を受けたことがきっかけで生まれました。その後、皆さまの声を聞かせていただきながら、少しずつ変化しながら今日に至っています。これまでかかわってくださったすべての方に感謝しております。ありがとうございました。

そして、これからも皆さまからの率直な意見や考えをお聞かせいただきながら、誰もが活用しやすいBMへと進化していけるよう、お力添えをいただけるとうれしいです。

どうかこの本が、子どもたちの幸せを願う方々のお役に立てますように。

令和4年6月　TILA教育研究所　鹿嶋真弓

「BMは会議だけでなく職場も変える」。

三つの職場で経験したからこそ、そう言い切ることができます。2017年夏、日本教育カウンセリング学会第14回研究発表（山形）大会の佐藤節子先生のミニ研修会「解決志向のホワイトボード教育相談―チームで行う効果的・効率的、そして楽しい教育相談―」に参加し、「ここで体験したことを、『参加してよかった』で終わらせてはいけない」と強く決意して帰路についたことが、つい昨日のことのように思い出されます。

高知に戻り2学期がスタートしてすぐ、当時の勤務校の不登校支援委員会で「ホワイトボード教育相談」を提案しました。50分（授業の1時間分）で行われる会議は、ともすれば情報共有だけで具体的なことが何も決まらないままぼやっと終わってしまうことになりがちでした。そんな空気を一掃してくれたのがこの方法です。30分という時間が構造化されてホワイトボードに示されていることで、みんなの顔が上がり、目がホワイトボードに釘付けになって、集中していることが手に取るようにわかりました。

その後TILA教育研究所主催の研修会で扱うようになり、参加された先生方のふりかえりを参考に、支援会議だけではなく校内研究や生徒会活動など、現場の多くの先生方に使ってもらえるようにと工夫を重ね、名称も「ブリーフミーティング」と改めました。142頁にある「カタリスト虎の巻」もその成果物の一つです。

次の勤務校では校長室にホワイトボードを用意し、片面にはつねにBMのプレートを貼り、いつでもBMができる状態にしていることで、「解決したいことがあればBMでやればいい」という空気が職場に生まれました。このことが職場にどういう影響を与えたかは、BMを体験されたことのある方ならすぐにおわかりになると思います。

まず、「時間は有限」であることを意識するようになったことです。図らずも当時はちょうど「働き方改革」が盛んに言われている頃であり、真っ先に何をどう変えていく

かの槍玉に上がったのが、さまざまな会議です。その頃、職員会議や各部会の会議は、全員が集まるのを待ってから始めるので、5〜10分遅れるのはつねで、いつ終わるのかも見通しが立たない状況でした。しかし「30分でここまでできる」ことを体験している職員は、会議に無駄な時間は割かずに、効率的効果的な会議を模索し、時間を有効に使う働き方を身につけていました。

そしてもう一つは**「解決志向」**の考え方が身についたことです。学校では毎日予想もしていない事態が次々起こり、子どもや保護者への対応に追われます。それまでは「どうしてこんなことが起こってしまったのか」と頭を抱え、原因追究に多くの時間を費やし、誰か（何か）のせいにして、ときにはその不満を口にする姿もあり、職員室が重い空気に包まれることもありました。BMによって「原因を追究する姿勢から、変化を起こす姿勢」になったことで、職員に笑顔が増えたことは校長として何よりの喜びでした。

職場や研修会で数多くのBMを体験して現在の形にたどり着きましたが、これが完成形ではなく、今後も変わり続けていくことと思います。しかしどのように形が変わったとしても「事例報告者が元気になる会議」であることだけは変わりません。それは、事例報告者が「成功体験」を味わうことができるからです。もちろん、事例報告者だけではなく、全員が自我関与できる会議なのでメンバーの達成感も言うに及ばずです。

この本が、子どもたちの幸せを願う皆さんのお役に立ち、教育のもつ力が素晴らしいものであることに多くの人々が気づいてくれることを願ってやみません。

令和4年6月　TILA教育研究所　吉本恭子

【編著者紹介】

鹿嶋真弓（かしま・まゆみ）

立正大学心理学部臨床心理学科教授。博士（カウンセリング科学）。ガイダンスカウンセラー、認定カウンセラー、学級経営スーパーバイザー。東京都公立中学校教諭、逗子市教育研究所所長、高知大学教育学部准教授、高知大学大学院教職実践高度化専攻教授を経て2019年より現職。東京都教育委員会職員表彰（2008年）、文部科学大臣優秀教員表彰（生徒指導・進路指導、2009年）、日本カウンセリング学会学校カウンセリング松原記念賞を受賞（2010年）。著書に『ひらめき体験教室へようこそ』『うまい先生に学ぶ 実践を変える2つのヒント 学級経営に生かす「シミュレーションシート」と「蓄積データ」』（以上、図書文化社）、『子どもの言葉で問いを創る授業 小学校編』『同中学校編』（以上、学事出版）他多数。

石黒康夫（いしぐろ・やすお）

桜美林大学リベラルアーツ学群教授。博士（教育学）。東京都公立中学校教諭・教頭・校長、逗子市教育委員会教育部長を経て2018年より現職。日本で初めてスクールワイドPBSを実践したことから日本行動分析学会第36回大会学会実践賞を受賞（2018年）。著書に『自律心を育む！生徒が変わる 中学生のソーシャルスキル指導法』（ナツメ社）『参画型マネジメントで生徒指導が変わる』（図書文化社）、『子どもの言葉で問いを創る授業 小学校編』『同中学校編』（以上、学事出版）他。

吉本恭子（よしもと・きょうこ）

高知市教育研究所副所長。高知県内で養護教諭として勤務したのち高知市教育委員会教育研究所教育相談班指導主事・班長、2017年度から2019年度まで高知県高知市立城西中学校校長、2020年度より現職。ガイダンスカウンセラー。月刊誌『指導と評価』『児童心理』などで保護者対応やいじめなどに関わる記事を執筆。2019年4月から1年間『月刊教育相談』で「不登校の子の味方になる教師」を連載。著書に『中学校学級経営ハンドブック』『うまい先生に学ぶ 学級づくり・授業づくり・人づくり』『うまい先生に学ぶ 実践を変える2つのヒント』『ひらめき体験教室へようこそ』『問いを創る授業』（以上、図書文化社）『子どもの言葉で問いを創る授業 小学校編』『同中学校編』（以上、学事出版）がある。

【分担執筆者紹介】

村上達也（むらかみ・たつや）　順天堂大学 スポーツ健康科学部准教授
福住紀明（ふくずみ・のりあき）　高知大学 教育学部准教授
依光加代（よりみつ・かよ）　高知市立義務教育学校行川学園校長
関谷大輝（せきや・だいき）　東京成徳大学 応用心理学部健康・スポーツ心理学科准教授

30分で会議が終わる！
職員室に変化を起こすブリーフミーティング

2022年8月22日　初版第1刷発行

編著者──鹿嶋真弓・石黒康夫・吉本恭子

発行者──安部英行

発行所──学事出版株式会社

〒101-0051　東京都千代田区神田神保町1−2−5
TEL：03-3518-9655
URL：https://www.gakuji.co.jp

編集担当：加藤愛

装丁：細川理恵　イラスト：安井ゆい

印刷・製本：精文堂印刷株式会社　　　　　　　　落丁・乱丁本はお取替えします。

ISBN978-4-7619-2865-0　C3037